INHALTSVERZEICHNIS

DIE LICHTSTRAHLEN DER AUFGESTIEGENEN MEISTER

Eine praktische Einführung

CLAIRE AVALON

////////////////// SILBERSCHNUR //////////////////

Copyright © Verlag »Die Silberschnur« GmbH

ISBN: 978-3-89845-308-0

1. Auflage 2010

Gestaltung & Satz: XPresentation, Güllesheim
Druck: Finidr, s.r.o. Cesky Tesin

Verlag »Die Silberschnur« GmbH
Steinstraße 1 · D-56593 Güllesheim
www.silberschnur.de · E-Mail: info@silberschnur.de

Einleitende Worte von El Morya

Liebe Lichtarbeiter, Lichtschüler, Eingeweihte und Pioniere des neuen Zeitalters,

nichts liegt uns näher, als den Menschen der heutigen Zeit den Weg ins Licht zu weisen. Es bleibt uns jedoch nicht verborgen, dass viele Menschen auf Erden dem Irrtum verfallen, ihren Weg zum Aufstieg ins Licht beschleunigen zu können, indem sie sich dem Trugschluss verschreiben, Karma sei ein Begriff der Vergangenheit.

So lasst mich betonen, dass Ursache und Wirkung so alt sind wie die Menschheit. Jeder Funke der Schöpfung tritt seit Zeitaltern den gleichen Weg in die Materie an. So vollendet er auch auf gleiche Weise den Weg. Das göttliche Licht des Kosmos' erfuhr niemals eine Veränderung. Wir kommen nicht umhin, die Makel des Wandels durch das Universum zu beseitigen, um dann den Weg ins Licht zu ebnen.

"Was der Mensch sät, das erntet er." Wir sind bereit, die Saat zu verfeinern, damit die Ernte golden strahlt und so das höchste Prädikat "Aufstieg" erfährt.

Gott zum Gruße
El Morya

Vorwort der Autorin

Liebe Leser,

die vielen Jahre meiner intensiven Arbeit als Medium der Großen Weißen Bruderschaft haben ihre "positiven" Spuren hinterlassen. Ich durfte viel Erfahrung in der persönlichen Arbeit mit meinen Klienten sammeln. Sowohl die Einzelarbeit als auch die Seminararbeit haben mich nun dazu veranlasst, einige Dinge aufzuschreiben, die mir immer wieder als Fragen, nicht verstandene geistige Gesetze und logische Trugschlüsse begegneten. Rückblickend kann ich heute sagen, dass sich mir die geistigen Gesetze, die uns die Meister aufzeigen, immer wieder beweisen.

Ich bin durch die Arbeit sehr realistisch geworden, und ich versuche auch, all meinen Klienten zu vermitteln, dass wir unser Leben selbst in die Hand nehmen müssen. Niemand kann die

Zukunft voraussagen, da wir sie selbst bestimmen. Wir alle folgen zudem unserem "Plan". Wenn wir die geistigen Gesetze, die sich niemals verändert haben, richtig verstehen, sind wir gut gewappnet, unseren Weg verantwortungsvoll und selbstbewusst zu gehen. Unsere geistige Führung ist immer da, um uns dabei behilflich zu sein. Trotzdem bestimmen wir die Richtung, das Tempo, und wir sind es, die festlegen, ob wir unser Ziel in dieser oder vielleicht erst in der nächsten Inkarnation erreichen.

Ich möchte hier ein paar wichtige Informationen weitergeben, die essenziell sind, wenn man verstehen will, was Lichtarbeit wirklich ist. Ich bin immer wieder erstaunt, wie groß das Defizit an Wissen über unseren Ursprung ist. Doch nur, wenn ich verstanden habe, woher ich komme, kann ich wissen, wohin ich gehe. Alles folgt den gleichen Gesetzen. Ich kann mich diesen Gesetzmäßigkeiten selbstverständlich verschließen, indem ich das Leben auf die einfachsten Regeln des Verstandes reduziere. Wir haben unseren Verstand jedoch nicht bekommen, um ihn als Teil unseres Egos zu gebrauchen, sondern wir haben ihn, um zu begreifen, welch intelligente Wesen wir sind. Er hilft uns, die Andersartigkeit eines jeden Wesens zu akzeptieren und zu respektieren, doch er kann uns nur bedingt dabei behilflich sein zu erkennen, dass die Materie eine reine Illusion ist. Ich vergleiche sie meist mit einem Spielplatz, auf dem wir uns alle immer wieder treffen. Dort streiten wir, bestehlen die anderen und vertragen uns nach dem Motto: "Wie du mir, so ich dir." Ab und zu geht jemand beleidigt nach Hause und sagt: "Warte nur, in dreihundert Jahren komme ich wieder. Dann rechnen wir ab." Sinnvoller wäre es allerdings, notfalls sogar auf dem Spielplatz zu übernachten, um den Streit gleich zu beenden.

Wenn die Materie als reine Illusion gesehen werden kann, sind auch wir Teil dieser Illusion, wenn wir inkarnieren. Demzufolge ist auch unser Verstand als Teil unseres materiellen Körpers reine Illusion. Ein Produkt unseres Verstandes ist der sogenannte freie Wille – wiederum reine Illusion. Dieser freie Wille kann als Instrument unserer Macht sehr unterschiedlich wirken. Ein erweitertes Bewusstsein wird so beginnen, sein Denken, Fühlen und Handeln immer stärker zu überprüfen und zu transformieren, um eine optimale Bewusstheit zu erlangen.

Sehen wir uns also "unsere eigene Logik" genauer an.

Ihre Claire Avalon

Unser immerwährender Weg
in die Inkarnation

Wie fing alles einmal an? Die Lehre der kosmischen Schöpfung, mit der wir uns hier beschäftigen, folgt der theosophischen Lehre der sieben Strahlen, auch zeitlose Weisheit genannt. Etwas Zeitloses ist nicht veränderbar, wie der Name schon sagt. Über den Ursprung nach dem Motto "Es werde Licht" wurde viel gesagt. Alice Bailey, Helena P. Blavatsky und auch andere haben viel darüber geschrieben. Deshalb rate ich zu dem Studium dieser Werke, will man den kosmischen Ursprung wirklich konkret verstehen.

Wir wollen uns so kurz und bündig wie möglich mit der Frage auseinandersetzen: Wo kommen wir her? Wie sind wir hierher gelangt, und wie kommen wir wieder dorthin zurück, wo es uns einmal so gut gefiel? Das ist auch immer das fundamentale

Thema meiner Einzelsitzungen. Nur wenn ich verstanden habe, weshalb ich mich irgendwo aufhalte, kann ich Sinnvolles erzielen.

Nennen wir den Ursprung allen Seins Geist, Licht, Gott, zentrale Sonne, Urlicht, wie auch immer. Die Religion sagt dazu: Vater, Sohn, Mutter oder Heiliger Geist. Wir alle meinen das Gleiche. Es ist der absolute Ursprung. Alles, was existiert, ist Ausdruck eines geistigen Bewusstseins, das durch irgendeine Kraft etwas in eine materielle Form bringt. So folgt jede Schöpfung dem gleichen Prinzip. Demzufolge hat also vor Urzeiten das göttliche Bewusstsein, auch Geist oder Vater genannt, entschieden, eine materielle Form zu kreieren, indem es dafür ein bestimmtes Bewusstsein entwickelte.

Helena P. Blavatsky sagt: "Materie ist Geist auf der untersten Stufe seiner zyklischen Betätigung" und "Geist ist Materie der höchsten Ebene". Dazwischen liegt ein Bewusstsein, das Licht in dieses Dunkel bringen darf. Die Materie begreifen wir in diesem Sinne als Mutter oder auch als Erscheinung. So ist die Ebene der Materie die illusorische, greifbare Formwelt, die durch Leben belebt ist –

durch den Heiligen Geist. Die Wechselwirkung zwischen Geist und Materie nennt Alice Bailey auch "Substanz, durchtränkt mit Lebensimpulsen". Der Sohn, das Produkt dieser beiden durch die sogenannte Reibung oder das Feuer, das Formveränderungen erzeugt, wird Bewusstsein oder auch Qualität genannt. Bailey hierzu: "Der Eine, der an dritter Stelle war, aber in Wahrheit der zweite ist." Dieser Aspekt des Sohnes, auch Christus genannt, symbolisiert also die Qualität oder auch das Bewusstsein des materialisierten Geistes. Ich bezeichne den Aspekt des Sohnes immer als Magneten, der jeder verkörperten Materie den Weg zurück weist.

Die letztendliche Definition dieser drei Ebenen ist die dreifältige Flamme, der Ursprung allen Seins. Wir können auch folgende Definitionen wählen:

Leben – Qualität – Erscheinung
Leben – Bewusstsein – Form
Geist – Seele – Körper

Aus diesem Ursprung heraus stammt ein jeglicher Lichtfunke, der jemals den Weg in die Verkörperung suchte. Das sind die drei Urstrahlen in den Farben Blau, Goldgelb und Rosa. Ich zitiere A. Bailey: Die erste Absicht der Gottheit: "Sein blaues Festgewand verhüllt seinen ewigen Entschluss, doch im Sonnenauf- und Niedergang wird sein Gestirn rotglühend sichtbar." – Es ist im Grunde genommen das, was wir alle bei jedem Sonnenauf- und Niedergang als Schöpfung verfolgen können. Das sind die Urfarben des Universums. Die Nacht ist blau, das erleuchtende Licht ist golden und die Dämmerung oder das Erwachen ist rosa.

Nochmals:

Erster Strahl – blau:
Wille, den göttlichen Plan auszuführen. Die Kraft zu erschaffen.

Zweiter Strahl – goldgelb:
der Einigung bringende Strahl, der alles in Harmonie und Beziehung zueinander hält. Die Kraft der Mitarbeit.

Dritter Strahl – rosa:
Fundament des Sonnensystems, tätige Intelligenz in der Form. Die Kraft zu denken.

So gerieten Geist und Materie in einen gegenseitigen Kraftaustausch. Das Sonnensystem begann sich zu bilden bzw. die sogenannten Elohim schufen es unter Anleitung von Helios und Vesta, den Eltern unseres Sonnensystems. Die sieben Strahlen werden in diesem Zusammenhang auch als Kraftströme bezeichnet, die durch den Wirbel der Energien entstanden. Sie versorgen alle Zellen und Atome der Existenz mit bestimmten Qualitäten, damit jedes entstehende Wesen mit allen anderen in diesem geschaffenen System in Beziehung treten kann. Wir alle sind Miniaturausgaben dieses großen Schöpfungsprozesses, aber als individuelle Einheiten oder Projekte.

Die sieben Strahlen

Die sieben Strahlen, auch Kraftströme genannt, versorgen die gesamte Schöpfung mit der Urenergie des kosmischen Lichts.

Erster Strahl: blau
starker, dynamischer Wille, die treibende Kraft, positive Macht

Zweiter Strahl: goldgelb
kosmischer Magnet, Weisheitsspender, Christusenergie, Dienen im Sinne von Wissen und Weisheit, Lehren

Dritter Strahl: rosa
aktive Intelligenz, Menschlichkeit, Gegensätze ins Gleichgewicht bringen, Freiheit, Toleranz, Kreativität

Vierter Strahl: weiß
Harmonie, Schönheit, Ästhetik, Kunst, Disziplin, Standhaftigkeit, klare Konzepte, Klarheit, Reinheit

Fünfter Strahl: grün
Konzentration, Wahrheit, Heilung, Wissenschaft

Sechster Strahl: rubinrot
Frieden, Idealismus, Hingabe, Manifestation

Siebter Strahl: violett
Transformation, Umwandlung, Zeremonien, Magie, Meisterung der Details, Verkörperung des Gesetzes

Die Strahlen vier bis sieben sind sogenannte Attributstrahlen des rosa Strahles, der aktiven Intelligenz. (Weitere Details und Botschaften der einzelnen Strahlenlenker entnehmen Sie bitte meinem Buch "Wesen und Wirken der Weißen Bruderschaft".)

Diese Strahlen beleben die Wesen mit ihren Qualitäten und Kräften, wir sind von ihnen gleichsam imprägniert oder gekennzeichnet. So können wir uns gegenseitig als Form gewordene Energie erkennen. Dennoch sind wir alle unterschiedlich. Wir wissen aber, dass wir aus der gleichen Quelle und Absicht stammen. Deshalb können oder sollen wir uns aufeinander konzentrieren, gleichzeitig unterschiedlich wahrnehmen, akzeptieren, lieben und loslassen. Wir müssen uns aus karmischen Gründen begegnen und ziehen lassen. Dazwischen soll möglichst alles bereinigt werden, was uns einmal im Prozess der Individualisierung voneinander entfernte oder sogar zu Feinden werden ließ. Alles dient in der Illusion der Materie schlichtweg der Erkenntnis, dass wir alle aus der gleichen Energie stammen und dass wir nur dorthin zurückgelangen, wenn wir in der Lage sind, uns als gleichwertig und göttlich zu betrachten. Es gab nie eine Elite, und es wird sie nicht geben. Wie kam es dazu, dass so viele unterschiedliche Individuen entstehen konnten?

Stellen Sie sich einen riesigen Lichtball oder Lichtspeicher aus reinem weißen Licht vor. Diese weiße Lichtmasse setzt sich aus vielen unzähligen Lichtpartikeln zusammen, wie ein Ozean aus unzähligen Wassertropfen. Jeder dieser Lichtpartikel ist eine sogenannte "ICH-BIN-Gegenwart". Es wird oft vom "ICH BIN" gesprochen, doch was ist das? Der Lichtpartikel ist ein elementares Wesen, das sämtliche kosmischen Strahlentugenden (zwölf an der Zahl – über die restlichen fünf Strahlen sprechen wir später) erlernen musste. Wir nennen diese Partikel auch Lichtfunken oder rein geistiger Urzustand. Die Strahlentugenden sind vergleichbar mit den geistigen, ethischen Gesetzen der gesamten universellen Existenz. Nachdem all diese Tugenden erfolgreich aufgenommen und integriert waren, durfte der Lichtfunke sagen: "Ich bin Gott." Er ist ein Teil dieser kosmischen Urenergie, Gott, Urlicht, Zentralsonne, wie auch immer man es nennt, also ist er diese Energie. Alle Religionen und Glaubensrichtungen meinen hier dasselbe.

Nun gab es irgendwann nichts mehr zu lernen oder zu tun. Wir wissen alle, wie es ist, wenn man sich langweilt: Man sucht eine neue Herausforderung, die möglichst kreativ ist. Die Lichtfunken entdeckten, dass die Schöpfung nicht träge gewesen war. Es gab inzwischen Planetensysteme, alles nach dem gleichen Prinzip erschaffen. Daher entschieden die Lichtfunken, all ihr Wissen einzusetzcn und in der geschaffenen Materie Erfahrungen zu sammeln. Man war sich einig, dass man im Besitze sämtlicher Weisheit war. Was sollte also schiefgehen? Es gibt das schöne Zitat: "Macht euch die Erde untertan."

Das galt auch schon damals. Der Auftrag basierte jedoch auf der Überzeugung, dass genug Platz für alle war und dass man sich im Frieden begegnen und alles teilen sollte. Von Neid, Eifersucht, Besitzanspruch, Vertreibung und Krieg war nie die Rede. Niemand ahnte, dass man sich der größten Prüfung aussetzte, und das aus "freiem Willen".

Ich werde oft gefragt, wo denn der freie Wille bleibt, wenn man doch alles geplant hat. Nun, der freie Wille ist eine Illusion. Er ist an die Materie gebunden und genauso zu bemeistern wie das Ego. "Dein Wille geschehe und nicht mein Wille." Das hat nichts mit Glaubensgrundsätzen zu tun. Dieser Satz wird erst dann begriffen, wenn sich der mentale Körper des Menschen auf dem Rückweg ins Licht befindet. Er hält am längsten fest und bohrt sich mit vollem Bewusstsein in die Materie. Die Aufgestiegenen Meister konnten nur durch die Überwindung des mentalen Körpers und die Bemeisterung des Egos ihre Rückreise ins Licht antreten.

Zurück zum Exodus aus dem zentralen Licht:

Wir sprachen ganz zu Anfang vom Licht der Schöpfung, Sie erinnern sich. Die dreifältige Flamme: blau, goldgelb, rosa. Stellen Sie sich diese Flamme im Zentrum dieses weißen Lichtspeichers vor. Der Lichtfunke entschied sich für die Verkörperung draußen in der Materie. Alles um ihn herum war weißes Licht. Man führte ihn jetzt sozusagen in die Zukunft (siehe auch die Darstellung des göttlichen Selbst im Farbteil).

Plötzlich sah er sich wie in einem Raum. Dort gab es drei verschiedenfarbige Türen. Die linke Tür war blau, die mittlere goldgelb und die rechte Tür war rosa. Der Lichtfunke kannte die Bedeutung dieser Türen ganz genau, denn er war ja Teil des Urhebers. Nun musste er sich entscheiden, durch welche Tür er ins Universum schreiten wollte. Er wusste: Die blaue und die rosa Tür führen nach draußen. Die blaue Tür symbolisiert die männliche Energie, die rosa Tür die weibliche. Die goldgelbe Tür geht nur nach innen auf, wie eine Haustür, durch die man nach Hause kommt. Also nochmals: Blau und Rosa führen nach draußen, Goldgelb führt nach innen. Wir wissen: Goldgelb = Weisheit, Erleuchtung. Dieser Strahl oder diese Tür ist zu sehen wie ein Magnetismus, der uns durch die sogenannte "Erleuchtung" wieder nach Hause ruft. Deshalb sage ich immer: Wer erleuchtet ist, hat in der Materie nichts mehr zu suchen. Durch diese goldgelbe Tür kehrt der Lichtfunke nach Beendigung seiner Reise über viele Zeitalter hinweg wieder ins Licht zurück.

Zurück zum Lichtfunken. Er hatte die Wahl zwischen Blau und Rosa (die Kraft des Willens oder die Kraft der tätigen Intelligenz). Für eine der Türen entschied sich der Funke, um nach draußen zu gehen. Damit war besiegelt, welche Energieschwingung er bis ans Ende seiner Planetentage in sich tragen würde. Das ist nicht mehr änderbar, es gleicht einer Art Münzprägung. Wir nennen diesen Vorgang die Entstehung der Monade – der ursprüngliche Zustand von uns allen. Sie entschied sich damals zur Reise in die Materie. Djwal Khul hat seinerzeit durch A. Bailey mitgeteilt, dass sich alleine in unserem planetaren System 60 Milliarden Monaden auf der Reise befinden. Für unseren Verstand ist das fast unvorstellbar ...

Unsere Monade (vorher Lichtfunke) war also durch eine der beiden Türen nach draußen gelangt. Nun musste sie sich entscheiden, auf welchem Planeten, in welchem System auch immer sie sich ansiedeln wollte. Sie sah vor sich sieben Straßen, die hinaus ins Universum führten. Diese Straßen leuchteten in den Farben der sieben Strahlen, den Grundstrahlen der Schöpfung. Das Maximum an Zahlen, das sie kannte, war die Zahl zwölf. Da die Monade im Besitz der höchsten Intelligenz ist, beschloss sie natürlich, die größtmöglichen Erfahrungen in der Materie zu sammeln. Es sollte lukrativ sein. So war ihre nächste logische Entscheidung, von sich selbst zwölf gleichwertige Anteile zu erschaffen. Diese Anteile nennen wir Seelen, Höhere Selbste, wie auch immer. Diese zwölf Höheren Selbste (nehmen wir jetzt diesen Ausdruck) schickte sie hinaus ins Universum. Dafür durften diese Höheren Selbste frei entscheiden, welche Straße sie benutzten, denn sie hatten ja schon ihren sogenannten freien Willen. Es ist jedoch davon auszugehen, dass diese zwölf sich logischerweise gleichmäßig auf die sieben Strahlen verteilten, damit ihr Erfahrungsbedarf optimal gedeckt werden konnte. Man will ja nichts verpassen. - Ich finde in diesem Zusammenhang immer den Spruch so treffend: "Von einem, der auszog, das Fürchten zu lernen."

In diesem Zustand jedoch waren die zwölf Höheren Selbste noch in einem sogenannten Überbewusstsein. Sie wussten ganz genau, woher sie kamen und wohin sie irgendwann wieder zurück wollten. Eine Eingebung, gemischt mit einem latenten Unbehagen, sagte ihnen, dass es gar nicht so gut sein konnte, sich allzu weit von der sicheren Quelle zu entfernen. Man wollte gerne in Papas Reichweite bleiben, denn der würde es schon richten. – Ich vergleiche diesen Moment immer damit, dass ich sage, das Höhere Selbst hat sich den Mount Everest, die Zugspitze oder welchen Gipfel auch immer ausgesucht. Dort ist die Luft noch dünn, und man kann noch in den "Himmel" sehen. Man kann dort noch nicht viel falsch machen, außer das Gipfelkreuz errichten. Böcke sind dort auch keine, die man schießen kann. Aber man blickt ins weite Tal, auf den Boden der Tatsachen. Dort ist die Materie, wo sich alle treffen.

Das Höhere Selbst, noch immer ausgerüstet mit der maximalen Zahl Zwölf, entschied nun wiederum, von sich zwölf Anteile zu erschaffen, die es dann ins Tal schickte. Das sind diejenigen, die am meisten arbeiten dürfen, nämlich wir. Diese Anteile nennen wir Persönlichkeiten oder auch Egos. Da wir uns jedoch noch am Anfang aller Dinge befinden, waren diese Persönlichkeiten im androgynen Zustand; androgyn heißt: männliche und weibliche Merkmale vereinend, denn die Dualität entstand erst viel später. So schuf jede einzelne Monade zunächst zwölf mal zwölf, also hundertvierundvierzig Anteile oder Persönlichkeiten im androgynen Zustand, woraus später zweihundertachtundachtzig wurden. Wir können demzufolge sagen: Jeder von uns hat irgendwo im Universum zweihundertsiebenundachtzig geistige Geschwister, die aus einem einzigen Lichtpartikel stammen. Wer das begriffen hat, kann sich ungefähr vorstellen, was eine einzige, profane Inkarnation bedeutet. Und damit nicht genug. Wer sich eingehend und logisch mit der Lehre der Reinkarnation beschäftigt, hat irgendwann verstanden, dass unser Höheres Selbst jederzeit entscheiden kann, jeden von uns in mehreren Anteilen gleichzeitig zur Tat schreiten zu lassen, um eine schnellere Abarbeitung des Karmas zu unterstützen. Das führt dazu, dass wir im Grunde genommen überhaupt nicht mehr nachvollziehen können, wie viele Projekte von uns universell unterwegs sind. Es hat ohne Weiteres jeder die Chance, sich selbst in diversen Ausgaben zu begegnen, ohne dass er es merkt. So erklärt sich, weshalb so viele ständig erzählen, sie hätten schon wieder eine Dualseele von sich getroffen. Es kann jedoch nur eine Dualseele geben, alles andere sind Seelenanteile, Geschwister, Zwillingsseelen, die sich irgendwann an unsere Seite stellten, aber durchaus aus anderen Monaden stammen können, was auch immer. Aber das ist ein anderes Thema.

Alles ist logisch, man muss es nur verstehen wollen. Rekapitulieren wir also: Die Monade, der urgeistige Funke, marschierte durch die blaue oder rosa Tür. Das ist der Monadenstrahl, der sich niemals mehr ändert. Die Monade teilte sich auf in zwölf Seelen, Höhere Selbste. Diese zwölf verteilten sich auf die sieben Strahlen, und so ergaben sich die Seelenstrahlen, die ebenfalls immer gleich bleiben. (Eines steht fest: Unsere Dualseele muss auf jeden Fall über den gleichen Seelenstrahl verfügen, da die Trennung ja erst viel später stattfand.) Wir müssen uns immer wieder mit diesem Seelenstrahl identifizieren, um an die Bearbeitung des Karmas gehen zu können, denn er ist die Heimat unserer Seele unter unserer geistigen Führung. Die Seelenstrahlen werden von den Aufgestiegenen Meistern gelenkt. Ich vergleiche den Seelenstrahl immer mit einer Rutschbahn: Hinten geht's die Treppe hoch, Pausenbrot essen, dann wieder runter. Das nennen wir Reinkarnation.

Wir sind aber immer noch nicht ganz am Ende, obwohl das heute den meisten am liebsten wäre. Alle sind ja so heilig, haben kein Karma mehr und die dunkle Wesenheit "Ego" gilt es am besten loszulassen. Schattenseiten haben nur die anderen, wir doch nicht! Aber: Es gibt niemanden ohne Ego, und das ist gut so. Es ist nach wie vor der Speicher des Karmas, und es erhält uns am Leben. Wir haben es durch die Schöpfung mitbekommen, und es begleitet uns bis zu unserem Aufstieg, wann immer dieser kommen mag. Es ist aber auch der Speicher unserer gesamten Erscheinung in der Materie. Wie soll man sein Ego loslassen und dann noch existieren? Die Transformation ist das Schlüsselwort.

Das Ego, auch inkarnierte Persönlichkeit genannt, ist das, was als Verkörperung des gesamten Schöpfungsplans von uns als greifbare Materie übrig geblieben ist. Alles andere ist "esoterisch", also unsichtbar und ungreifbar. Selbst Teile des Egos sind esoterisch, nämlich das, was wir Aura oder feinstoffliche Körper nennen, denn unser Ego setzt sich aus verschiedenen Ebenen zusammen. Das hat jeder von uns begriffen. Wir haben einen ätherischen Körper, der über unseren physischen Aufbau informiert, einen emotionalen Körper, der die Gefühlswelt beinhaltet, und einen mentalen Körper, der auch Verstand genannt wird. Alles, was sich nach außen definiert und darstellt, nennen wir dann Persönlichkeit. Die einzelnen Körperebenen, also ätherisch, emotional und mental, sind gleichzeitig der Speicher unseres Karmas und aller Ziele für unser jetziges Dasein.

Die gesamte Persönlichkeit wird umhüllt und geführt von unserem Licht- oder Kausalkörper. Dieser ist immer strahlend weiß und sauber, denn er enthält nur unsere positiven Taten und Gedanken sämtlicher Inkarnationen sowie das gesamte Potenzial, alle Talente und Fähigkeiten. Geschützt und umhüllt wird diese ganze Erscheinung durch unser Höheres Selbst. Dieser sogenannte Licht- oder Kausalkörper ist zu sehen wie ein Hochsicherheitstrakt. Sein Inhalt macht uns zum Individuum, zum absoluten Original und unkopierbar. Nur wir selbst können mit diesem Inhalt etwas anfangen. Warum ist das so? Ganz einfach: Stellen Sie sich einen Fünf-Sterne-Koch vor, der für seine exzellente Küche berühmt ist. Er wird seine besten Rezepte nicht veröffentlichen, dafür hat er viel ausprobiert. Er stand nächtelang in der Küche, hat so manche gute Zutat entsorgt und sich geärgert. So ist das auch bei uns zu sehen. Wir haben für unser Potenzial viel auf uns genommen. Wir sind vielleicht mehr als einmal dafür gestorben. Wir sind berühmt geworden und hatten sofort die Neider am Hals. Jeder hat viel dafür geleistet und Verzicht geübt. Wir können den Inhalt unseres Lichtkörpers daher als eine Art Patent betrachten, versehen mit einem Code, der nur von uns, unserem Höheren Selbst und unserer geistigen Führung benutzt werden kann. Nennen wir es geistiges Online-Banking. Der Sinn liegt darin, dass unser Höheres Selbst und unsere Führung ständig darauf bedacht sind, dass wir geistige Fortschritte machen und uns unserem Ziel nähern. Diese beiden kennen keinen Neid, keine Eifersucht oder Schadenfreude.

Zusätzlich enthält dieser Lichtkörper eine Art Lichtspeicher, der aus allen zwölf kosmischen Strahlen zusammengesetzt ist. Die ersten sieben Strahlen sorgen dafür, dass wir uns durch ihre Einwirkung in die Chakren in der Materie am Leben erhalten. Sie sind wie eine Grundversorgung zu sehen (siehe Schaubild im Farbteil). Vergleichen Sie es am besten mit einem Wohnhaus, das Sie gebaut haben. Das Haus hat sieben Zimmer, und in jedem Zimmer haben Sie zunächst einmal eine Grundversorgung mit Strom hergestellt. Wir kommen später nochmals darauf zurück. Die fünf weiteren Strahlen, 1987 durch den Lichtkörperprozess aktiviert, helfen uns irgendwann, unseren sogenannten Aufstieg zu vollziehen. Sie vertreten die höchsten ethischen Werte. Deshalb ist es unmöglich, z. B. auf dem magentafarbenen Strahl zu inkarnieren. Dann hätte die erste Inkarnation eines solchen Menschen frühestens 1987 stattfinden können, sein Karma ist aber durchaus so alt wie Methusalem.

Da scheiden sich dann schon die Geister, wenn manche Lebensberater nicht verstanden haben, wie die Schöpfung entstand. Man sollte auch vermeiden, seinen Seelenstrahl zu "er-meditieren". Lernen Sie bitte, ihn zu begreifen und zu verstehen. Das kann dann zwar ernüchternd sein, hat aber deutlich mehr Wirkung. Wenn der Mensch erst einmal begriffen hat, dass alle sieben Strahlen auch deutliche Nebenwirkungen aufzeigen, und das müssen sie, um uns mit unserem Karma zu konfrontieren, wird die sogenannte Lichtarbeit ganz nüchtern und real. Spätestens dann halten wir uns selbst den Spiegel vor. Verfallen Sie bitte nicht dem Irrglauben, die sieben Strahlen würden in ihrer Reihenfolge eine energetische Steigerung erfahren. Alle Strahlen haben vielmehr eine gleichberechtigte Stellung im Universum und sind überlebensnotwendig für uns. Alle Straßen führen nach Rom, und alle Strahlen führen ins Licht.

Kurz noch eine Anmerkung zu den sogenannten geistigen "Lehrern" in der Materie. Meine fast zwanzig Jahre Arbeit präsentieren mir immer wieder zahlreiche Menschen, die von Lehrer zu Lehrer pilgern. Nicht selten wird dort ja auch von Erleuchtung gesprochen, die großzügig verteilt und verkauft wird. Die Menschen treiben sich jahrelang dort herum. Der spirituelle Konsum, wie ich ihn nenne, hat unglaubliche Ausmaße angenommen.

Unsere ureigenste Quelle hat uns alle gleich ausgestattet. So sind auch die inkarnierten Wesen alle gleich aufgebaut, mit dem Unterschied, dass jeder von uns einen anderen Energieaufbau hat. Es gibt niemanden doppelt. Wir nennen es auch eigene Frequenzen. Wenn wir nun davon ausgehen, dass wir alle gleich gestrickt sind, liegt es auf der Hand, dass wir alle lehren oder lernen, indem wir Wissen aus dem mentalen Körper abgeben oder in ihn aufnehmen. Dazu gesellen sich schon einmal Emotionen, und der physische Körper hat auch noch etwas zu melden, aber dann war es das auch schon. So erhalten und verteilen wir ständig Basiswissen. Viele werden jetzt sagen: Das stimmt nicht. Mancher wird doch Spezialist oder Experte, indem er lange studiert und sich bildet. Das mag sein, doch es ist immer ein Wissen, das allen zugänglich ist. Sicherlich spielt Intelligenz eine Rolle, so auch Interesse, Vorliebe, Muße, was auch immer. Jeder setzt sein Wissen so ein, dass es ihm möglichst viel Erfolg bringt, oder auch nicht. Das wahre Genie allerdings greift auf seinen Licht- oder Kausalkörper zurück. Das Potenzial, das dort gelagert ist, kann von sonst niemandem abgerufen werden. Das sind die Menschen mit besonderem Geschick, originellem Denken und Handeln, außergewöhnlichem Erfolg. Unterstützt wird dieser Prozess durch die Energie und den Einsatz aller zwölf Energiestrahlen, oder nennen wir sie Energieleitungen. Jede dieser Leitungen hat eine andere Füllung oder Funktion. Ich sage immer: Durch die Gasleitung kann ich kein Öl schicken. Der Diesel verträgt kein Benzin. Alles hat seine Berechtigung. Wenn wir jetzt lernen können, auf unseren Potenzialspeicher und die entsprechenden Energieleitungen sinnvoll und intelligent zurückzugreifen, wissen wir, was "Lichtarbeit" wirklich bedeutet. Es ist simpel, einfach und doch genial. So werden wir zum leistungsfähigen Individuum, das in keinerlei Abhängigkeit geraten kann. Wir sind alle auf dem Weg zum Ziel. Jeder bestimmt, wie schnell er geht, ob er Umwege in Kauf nimmt oder ob er sich den Weg angenehm gestaltet. Andere Menschen sind gar nicht in der Lage, uns diese Arbeit abzunehmen, weil sie mit sich selbst beschäftigt sind. Wir erfahren dennoch Berührungspunkte, die karmisch gesteuert sind. Das muss so sein, denn wir sind keine Eremiten.

Nun aber zurück zu unserem Inkarnationsprozess. Wir waren beim Ego angelangt. Fassen wir nochmals kurz zusammen: Der ursprüngliche Lichtfunke, auch Monade genannt, trat durch die blaue oder rosafarbene Tür hinaus, um sich auf den Weg der Inkarnation zu begeben. Er teilte sich auf in zwölf Höhere Selbste, die sich verteilt auf die sieben

Strahlen hinausbegaben. Diese Höheren Selbste blieben jedoch auf einer geistigen Ebene (wir nannten es Bergspitzen), um weiterhin im Schutz der dreifältigen Schöpfungsflamme zu bleiben. Sie erschufen wiederum zwölf Persönlichkeiten von sich, die dann in die Materie hinabstiegen, um dort die erwünschten Erfahrungen zu sammeln. Durch den Wechsel von der Androgynie in die Dualität entstanden so insgesamt zweihundertachtundachtzig Persönlichkeiten aus einem einzigen Monaden- oder Lichtfunken. Jedes Höhere Selbst ist befugt, nach eigenem Ermessen zur schnelleren und umsichtigen Karmabewältigung beliebige Anteile dieser Persönlichkeiten in die Materie zu entsenden, so dass sich heute unzählige dieser Anteile im Universum bewegen, alle mit dem Ziel der Rückkehr ins Licht. Stellen Sie sich einfach vor, man würde einen Kuchen in die üblichen zwölf Stücke zerteilen und dann aus jedem dieser Stücke kleine Häppchen bilden, damit möglichst viele Gäste den Kuchen probieren können.

Es stimmt also einerseits, wenn wir sagen, wir sind nur für uns selbst verantwortlich. Andererseits müssen wir aber auch begreifen, dass wir Teil einer riesigen Familie sind, die auf unser gutes Benehmen angewiesen ist. Das Schwierigste dabei ist, dass uns diese Familienmitglieder auf der Ebene unseres Verstandes nicht bekannt sind. Lediglich unser Höheres Selbst veranstaltet ab und zu eine Konferenz. Dort treffen sich dann die Geiste (nicht die Geister!), aber das wissen wir ja nun alle. Der Geist ist frei! Das wiederum ist der Unterschied zwischen Geist und Materie. Wir sind reine Materie, verdichtete Energie. Dafür haben wir unser Ego, das wir brauchen, um hier alles zu erledigen. Und nochmals: Lassen Sie es bitte nicht los. Das Ego ist nichts Unnützes. Es hat nichts mit Egoismus zu tun. Der wiederum ist erfolgreichste Ausbeutung des Egos. Ich überlege oft, was man als positives Pendant des Egoismus in diesem Sinne sehen kann. Vielleicht gesundes Selbstbewusstsein? Sie wissen aber, was ich meine.

Wir mussten also sichtbar und greifbar, Materie schlechthin werden, um in Erscheinung zu treten. Betrachten wir nun den Erdenmenschen (auf anderen Planeten sieht es vielleicht ganz anders aus), dann wissen wir, wie sich die Schöpfung seit vielen Jahrtausenden vollzieht. Wir sind jetzt in der Dualität, also braucht auch nur sie uns zu interessieren. Uns interessiert auch nur die menschliche Zeugung, denn über alles andere kann man geteilter Meinung sein.

Jedes Lebewesen, das den natürlichen Weg der Zeugung beschreitet, verfügt bei seiner Ankunft in der Materie über den gleichen Aufbau. Wir haben einen physischen Körper, der unsere äußere und innere Erscheinung aufweist. Er bildet im Laufe der Zeit viele Details aus, von Krankheiten angefangen, über Kräfte, Schwächen usw. Weiterhin haben wir einen emotionalen Körper, der unsere Gefühlswelt darstellt. Unser Verstand, die mentale Ebene ist die dritte Schicht unseres Daseins. Alle feinstofflichen Körper, wie wir sie auch nennen, bestimmen das Verhalten und Befinden unserer Persönlichkeit, auch Ego genannt.

Wir haben uns Ziele gesteckt, bevor wir zu neuen Taten aufgebrochen sind. Zusätzlich gibt es einen dem Bewusstsein verborgenen Speicher von Informationen, die uns das Leben schwermachen oder es auch deutlich bereichern können. Das nennen wir Karma. Karma ist immer Potenzial, wenn wir das positive Muster herausfiltern können.

Sie müssen sich vorstellen, dass all diese Informationen irgendwo zusammengefasst sein müssen. Ihr Computer hat auch alles auf seiner Festplatte gespeichert. Wenn Ihre Katze bei eingeschaltetem PC einmal die Tastatur als Straße benutzt (meine hat es erfolgreich praktiziert), wird alles schwarz. Hat ihr PC das als optimales Mittel erkannt, sich zu verabschieden, ist das Pech auf Ihrer Seite. Das ist aber Materie. Ihr Unterbewusstsein ist da intelligenter. Es vergisst nichts. Selbst wenn es irgendwann einmal schwarz um Sie herum wurde, weil Ihnen jemand das Licht auslöschte, bleibt das Unbearbeitete auf Ihrer Festplatte. Sie kennt die Löschtaste nicht, es sei denn, Sie haben eine erfolgreiche Bearbeitung des Themas vorgenommen und das Projekt abgeschlossen. Das heißt also, unser Karmaspeicher ist weder bestechlich noch vergesslich. Wenn Sie sich also wieder einmal erneut auf die Reise in die Unsterblichkeit begeben, ist da jemand, der Sie sanft, aber auch bestimmt darauf aufmerksam macht, dass Sie noch einiges zu erledigen haben. Das sind die sogenannten Leichen im Keller. Ihre geistige Führung übt eine souveräne Kontrolle über all Ihre Pläne aus. Nichts wird dem Zufall überlassen. Alles wird sorgfältig geplant und platziert. Während Sie Ihr Ego stricken im Sinne des Physischen oder auch Ätherischen, Emotionalen und Mentalen, hält Ihre Führung den dicken Besen bereit, um sämtliches Karma hinterherzuschaufeln. Man fragt mich oft, wo denn so viel Platz ist, um das alles unterzubringen. Aber: Platz ist im kleinsten Vehikel. Und nicht nur das: Hinzu kommen, wie schon gesagt, alle Ziele, Pläne, die schönen Zeiten, und nicht zuletzt legen wir mit unserer Führung die Zeitspanne fest, die wir dieses Mal benötigen. Alles wird ins Ego eingespeist. Es schlägt sich in den einzelnen Ebenen entsprechend nieder. Wir packen uns einen dicken Rucksack, denn nichts darf im Geistigen zurückbleiben. Stellen Sie sich einmal vor, Sie würden dort unbearbeitetes Karma in der Kühltruhe zurücklassen. Sie hätten doch irgendwann einen Hunger, den niemand stillen kann. Das wäre ja nicht auszudenken. Denken Sie immer daran, dass Karma sehr, sehr positiv wirken kann. Auch Künste und Talente sind karmisch.

Dieses Einspeichern und Verwalten aller Themen vergleiche ich stets mit einer Salami, die wir mit unserer Führung zusammen kochen. Alles kommt anschließend in die Pelle, wird an beiden Enden zugedreht und dann bittet unser "Chef" uns, ein großes Messer zu holen. Wir dürfen nun sagen, wie viele Scheiben wir haben möchten. Alles wird wunschgemäß zerlegt, damit man uns später alles mundgerecht servieren kann. Dann kommt alles in eine Frischhaltedose, Deckel zu, und dann kann es fast losgehen. Wir nennen das Ganze Lebensplan. Mehr behält unsere Führung nicht zurück. Reicht ja auch aus, um uns später ordentlich zu zwiebeln.

Während unserer Konstruktionsphase des Egos sind wir gleichzeitig mit vielen anderen Themen beschäftigt. Wir werden immer noch geistig geschult. Unsere Geschwister im Geistigen sind ebenfalls zugegen, und wir wenden uns gelegentlich den Themen unserer neuen irdischen Familie zu. Je mehr wir uns dem Zeitpunkt unserer Geburt nähern, desto intensiver nehmen wir am Familienleben teil, das heißt, wir beginnen uns immer stärker mit diesem Clan zu identifizieren. Das kann ganz schön stressig sein, je nachdem wie sich diese Menschen verhalten und fühlen. Man sieht, wir sind ganz schön beschäftigt.

Dann kommt irgendwann der Zeitpunkt, an dem man sich von geistiger Seite relativ bestimmt an uns wendet. Unsere Führung tritt an uns heran und klärt uns darüber auf, dass sich in relativ kurzer Zeit etwas Einschneidendes ereignen wird, nämlich unsere Geburt. Das ist der Moment, auf den wir ja nun schon lange gewartet haben. Wir sind voller Tatendrang und können es gar nicht mehr erwarten, endlich dort in Erscheinung zu treten, wo man etwas bewirken kann. Wir stehen sozusagen in den Startlöchern.

Während wir unseren "Chef" im Geistigen ungeduldig fixieren, fragt er/sie uns ganz beiläufig, wie es denn mit unserer irdischen Stromversorgung aussieht. Stromversorgung? Was soll das? Mama hat doch ein Kabel. Wir werden jedoch sehr schnell davon in Kenntnis gesetzt, dass draußen jemand eine Schere in der Hand hat (vielleicht sogar unser Vater), der dieses Kabel ruck, zuck durchschneidet. Und dann? – Im Übrigen brauchen wir ja auch eine ungeahnte Energie, um überhaupt aus dieser gewohnten Umgebung herauszukommen. Also was geschieht? Unsere geistige Führung fordert uns auf, in jeden der niederen Körper und unsere Persönlichkeit ein Stromkabel zu legen. Alle feinstofflichen Ebenen benötigen Energie, um zur Tat zu schreiten. Und immer schön dran denken: Die Gasheizung verträgt kein Öl. Was unserem physischen Körper guttut, kann dem mentalen gar nicht so recht sein. Stellen Sie sich einfach vor, Sie planen in diesem Leben eine Aufgabe als Entwicklungsingenieur. Dann bringt Ihnen der Verstand eines Philosophen oder Künstlers sehr wenig. Wenn Sie emotional gestärkt und unbeeinflussbar sein möchten, bringt es Ihnen nichts, wenn Sie ständig auf der Suche nach Krisen und Konflikten sind. So einfach ist das.

Interessant ist, dass wir in diesem Zustand des Ungeborenseins über ein sehr komplexes Wissen dieser Dinge verfügen. Wir wissen ganz genau, welche der sieben Schöpfungsstrahlen uns in welcher der niederen Ebenen mit welchen positiven und negativen Eigenschaften konfrontieren. Deshalb fällt es uns auch sehr leicht, uns jeweils für das "richtige" Kabel zu entscheiden. Wir können dort keinen Kurzschluss inszenieren. Wir sind im Grunde genommen völlig frei in der Wahl der Kabel. Es gibt nur eine Gefahr des Kurzschlusses, der sich jedoch erst viel später bemerkbar machen würde, und dann wäre es eventuell zu spät. Sollten wir uns nämlich dazu entschließen, in der Persönlichkeit, d. h. der Darstellung nach außen, den Seelenstrahl erneut auszuwählen, hat die geistige Führung ein Wörtchen mitzureden. Warum könnte das notwendig sein?

Ganz einfach: Verfügen wir auf beiden Ebenen über den gleichen Energiestrahl, muss die Persönlichkeit bereits sehr früh und dauerhaft die Aufgaben der Seele erfüllen und ausdrücken. Eine direkte Identifikation muss also stattfinden. Das ist eine sehr schwere Aufgabe, die nicht jeder Mensch ertragen und erfüllen kann. Um diese Erlaubnis zu erhalten, müssen wir in drei vorangegangenen Inkarnationen bewiesen haben, dass wir dazu in der Lage sind. Es wird genau geprüft, ob wir das wirklich erreichen können. Das ist dann aber kein Freifahrtschein für einen sogenannten Aufstieg. Es ist kein Privileg. Das Leben wird lediglich eine Nuance anstrengender. Es steckt aber auch voller Herausforderungen. Man muss wissen, ob man auf diese Variante zurückgreifen möchte. Kann jedenfalls recht interessant sein, obwohl einen später kaum jemand versteht. Macht aber nichts, keiner von uns hat's leicht.

Die übrigen niederen Körper bekommen ebenfalls ihr Stromkabel. Da sind wir völlig frei in der Wahl.

Wir haben ja sieben zur Auswahl. Es können bunte Paletten gewählt werden oder recht einfarbige Muster. Das spielt zunächst keine Rolle für die Führung. Wir müssen es ja er-leben.

Es kann schon mal passieren, dass unser "Chef" bewundernd dasteht und uns fragt, ob diese Mischung unser Ernst ist. Wir bestätigen frohgemut, dass dem so sei, denn wir wissen ja, dass er/sie da ist, um uns zu helfen. Unsere Führung würde uns dabei niemals kontrollieren, korrigieren oder manipulieren. Das tun nur Menschen. Die wissen sowieso alles besser. Auf der anderen Ebene herrscht der sogenannte (illusionäre) "freie Wille." Wenn wir mit unserer Auswahl fertig sind, wird daher alles eingebongt. Stellen Sie sich vor, Sie hätten überall in diesen niederen Körpern eine Steckdose installiert. Hier kommt es dann zu einem einmaligen Klicksystem. Viermal klickt es, und dann springen sogenannte Widerhaken in diese Steckdosen. Eine Entfernung der Kabel ist nicht mehr möglich. Sie wissen ja: Öl-Gas – das kann bei Verwechslungen bös ins Auge gehen. Wir rechnen also im Vorfeld mit unserer eigenen Unvorsichtigkeit, bedingt durch Wankelmut und permanente Unzufriedenheit. Also müssen wir uns sozusagen vor uns selbst schützen, wenn wir mal wieder genau das möchten, was wir nicht haben, oder weil wir uns immer wieder fragen, ob wir vor langer Zeit noch ganz gescheit waren. Machen Sie sich keine Sorgen, da sind Sie keine Ausnahme. Ich erlebe es immer wieder, dass man mit gesteigertem Hintergrundwissen immer öfter in die Selbstbefragung geht. (Mich übrigens eingeschlossen!) Doch seien Sie versichert: Es gibt keine einfache Kombination. Alle Strahlen haben es auch faustdick hinter den Ohren. Das muss so sein, sonst kämen wir niemals mit unseren bearbeitungswürdigen Themen in Berührung.

Ja, dann sind wir gestiefelt und gespornt und können zu neuen Taten aufbrechen. Ein letzter Blick zurück, der Chef klopft uns nochmals auf die Schulter, wir winken noch einmal und dann wird uns erst mal schwarz vor Augen, bis wir das sogenannte Licht der Welt erblicken. Dazwischen liegt viel Arbeit, Angst vor Versagen, der Gedanke, direkt wieder umkehren zu wollen, der erhobene Zeigefinger des Chefs und was nicht alles. Das hat bei mir zu der Überzeugung geführt, dass der eigentliche Geburtsmoment in der Entscheidung liegt, sich auf den Weg zu machen. (Ist irgendwie logisch, vor allem, wenn man sich einmal richtig mit diesem Geburtsvorgang beschäftigt hat.) Man ist doch präsent, tut etwas, unterlässt etwas, kämpft. Das In-Erscheinung-Treten ist doch praktisch der Abschluss unserer ersten irdischen Tätigkeit. Deshalb rate ich Schwangeren immer, sich den Moment zu merken, in dem es losgeht mit der Geburt. Der Vergleich kann sich später lohnen. Sicherlich ist es für Astrologen nicht so einfach, aber man kann den Zeitpunkt ja auch in einer Rückführung abfragen.

Das irdische Dasein

Das Baby inkarniert. Es beginnt, seinen Körper offiziell zu bewohnen. Zunächst hat es nur physische Bedürfnisse. Sehr schnell entwickelt es jedoch auch Emotionen, und sein Denken beginnt, sich immer intensiver auszudehnen. So wird es dann irgendwann zu einer voll entwickelten Persönlichkeit, wann immer das der Fall ist – bei dem einen kommt es früh dazu, bei dem anderen nie. Wenn immer andere an allem schuld sind, und seien es die Politiker, dann müssen wir uns fragen, ob diese Persönlichkeit optimal entwickelt ist. Eine entwickelte Persönlichkeit weiß, dass nur sie ihre Welt verändern kann. Alle anderen gehen in Resonanz. Sie weiß, wie sie ihren Körper zu ernähren und zu trainieren hat, welche Emotionen sie noch über sich walten lässt und wie intelligent sie ist. Sie möchte sich irgendwann nach außen so darstellen, dass man ihr den größtmöglichen Respekt entgegenbringt. Um all das zu erreichen, muss der Mensch permanent an sich arbeiten. Je bewusster der Mensch wird, umso stärker geht er in die Lichtarbeit und seine optimale Persönlichkeit. Wir können also sagen, jeder Strahl der niederen Körper nimmt nach und nach seine Arbeit auf, bis eine entwickelte Persönlichkeit vorhanden ist. Ich behaupte aufgrund meiner jahrelangen Arbeit, dass wir nach wie vor drei bis vier Jahrzehnte dafür benötigen. Wir benötigen unsere Kindheit, unsere Jugend und das Erwachsenwerden. Es ist schön, wenn nachfolgende Generationen das ein wenig schneller hinbekommen, aber es ist noch kein Meister vom Himmel gefallen. Manchmal macht sich das Empfinden breit, als würden heute schon Menschen in Meditationshaltung geboren. Ich will hier nicht von bestimmten Kindertypen sprechen. Meine Erfahrung, auch in der Arbeit mit Schwangeren, hat mir allerdings immer wieder gezeigt, dass wir alle den gleichen Weg antreten und dann beschreiten. Geben Sie den Kindern bitte die Chance, sich ganz normal zu entwickeln. Sie hätten es auch nicht anders haben wollen.

Mag sein, dass ich mit dieser Überzeugung in der Zwischenzeit sehr einsam dastehe, aber ich durfte schon sogenannte "Indigokinder" kennen lernen, die sich schier überfordert fühlten von all den Ansprüchen, die an sie gestellt würden. Sie meinten, es dürften bei ihnen keine irdischen "Engpässe" mehr auftreten, aber Karma ist ein stetiger Prozess, von dem niemand verschont bleibt. Unser aller Arbeit könnte sich also in Zukunft relativ schwierig gestalten, wenn wir neue Generationen von Anfang an überfordern. Lernen wir doch eher, sie optimal zu begleiten und zu fördern, statt nur zu fordern. Diese Menschen müssen auch noch lernen, zu arbeiten und vielleicht auch zu verzichten, denn sie sollen ja einmal für uns sorgen. Das aber nur am Rande. Die Realität wird uns zeigen, wie und in welche Richtung sich diese Kinder am besten entwickeln.

Unsere eigene Erfahrung zeigt uns immer wieder, dass der Zeitpunkt ganz unterschiedlich ausfallen kann, wann eine Persönlichkeit optimal entwickelt ist. Das kann mit dreißig Jahren der Fall sein, mit vierzig, mit sechzig – oder eben nie. Jedes Individuum bestimmt diesen Prozess selbst, und dabei kann uns auf der energetischen Ebene kein Mensch helfen. Wer das behauptet, übernimmt sich gewaltig. Wir wissen, überall in unserer Existenz herrscht die Polarität. Wer unsere Entwicklung einerseits fördern kann, kann uns andererseits auch bremsen. Wir sprechen dann schon mal von magischen Aktionen. Gleichzeitig wissen wir alle, dass nicht jeder Mensch auf unseren geistigen Fortschritt erpicht ist. Abhängigkeit und Unwissenheit sind doch nach wie vor Instrumente der Macht. Zentren, Scharlatane und Gurus schießen wie die Pilze aus dem Boden, um andere auf den rechten Weg zu führen. Dabei sollte so mancher erst einmal lernen, sich spätestens dann aus dem Leben anderer herauszuhalten, wenn er nicht darum gebeten wurde. Manipulation, das sogenannte Energieschicken und Sicheinklinken ist längst kein Kavaliersdelikt mehr. Wer einmal erlebt hat, wie schwer es ist, sich ständig die "Heiligen" vom Leib zu halten, kann ein Lied davon singen, wie anstrengend es sein kann, ungestört zu arbeiten. Menschen gehen physisch und kommen mental wieder. Diese "Besucher" sind oftmals sehr fordernd und sogar lästig. Viele meinen es sicherlich gut, doch man sollte lernen, bei sich zu bleiben. Dann ist man mit der eigenen Entwicklung mehr als beschäftigt. Es gibt im Sinne der Persönlichkeitsentwicklung im gesamten Universum nur drei Faktoren, die unvoreingenommen und sinnvoll in uns arbeiten. Das sind einmal wir selbst, dann unser Höheres Selbst und unsere geistige Führung. Die Letztgenannten beiden sind nur auf unseren Fortschritt bedacht. Ihre Herausforderungen wahrzunehmen und umzusetzen, ist Anstrengung genug.

Hat die Persönlichkeitsentwicklung nun ihren Lauf genommen, können wir sagen, dass der Strahl, den wir uns in die Persönlichkeit gespeichert haben, die Führung über uns Ego übernimmt. Seine Energie haut uns sozusagen ungespitzt in den Boden und zeigt uns, wohin die Reise mit unserem Ego geht. Er zeigt uns, dass wir in vollem Bewusstsein in die Getrenntheit von Gott gegangen sind, um alle unsere Ziele zu verwirklichen und unser Karma erfolgreich zu bearbeiten. Dieser Strahl ist der Manager des Egos in der Materie. Um hier die optimale positive Macht zu erlangen, muss er sich die Strahlen der niederen Körper immer mehr unterordnen. Sie bleiben erhalten, das ist klar, aber er wird zur absoluten Führungskraft des Egos. Dieser Kampf, der da entsteht, fordert von uns allen schon eine unglaubliche Kraft. Jedem von uns ist das Hemd näher als der Rock. Unser Körper, die Emotionen und der Verstand wehren sich logischerweise gegen eine Unterordnung, doch das ist unser einst gewünschter Entwicklungsprozess. Immer dran denken: Es war uns kein Fenster groß genug, um uns hinauszuhängen. Jetzt müssen wir dafür die Verantwortung übernehmen. Ist es aber vollbracht, und der Persönlichkeitsstrahl ist in seiner rechten Position, sind wir ein gutes Stück vorangekommen. Dieser Strahl führt das Ego. Wir lernen, geerdet unsere Aufgabe zu erfüllen, uns selbst zu ernähren, uns zu wehren und uns als respektierter Teil der Gesellschaft zu fühlen. Sie geben mir doch sicher recht, dass wir dafür unsere Wachstumsphase benötigen.

Es ist auch hier nochmals interessant, die Ebenen der niederen Körper im Zusammenhang mit den Strahlen und ihren Lenkern zu betrachten. Die Energiestrahlen, die also in den niederen Körpern arbeiten, werden ja auch von den Meistern gelenkt. Unser Seelenstrahl hat grundsätzlich die stärkste Macht in der Materie und im Geistigen, denn er verbindet und reguliert diese einzelnen Ebenen. Das bedeutet in der Realität, dass die Meister der Strahlen der niederen Körper immer die Position des Meisters des Seelenstrahles in den Vordergrund zu stellen haben. Es finden sozusagen ständig Konferenzen statt, damit unsere geistige Führung auch tatsächlich in der Führungsrolle bleibt. Betrachten wir ein kurzes Beispiel: Ein Mensch hat eine schwere Trennung hinter sich gebracht und ist emotional in der absoluten Versenkung verschwunden. Trauer und Schmerz sitzen sehr tief. Die Führung weiß aufgrund der karmischen Muster genau, dass dieser Mensch eine ganze Zeit braucht, um seine Wunden zu lecken und zu genesen. Angst und Panik vor neuen Verletzungen sind sehr groß. Dieses intensive *Mit-er-leben* versteht nur unsere Führung. Die Meister der Strahlen der niederen Körper kennen zwar auch unseren Lebensplan, aber sie sind eher die Manager der auftauchenden Situationen. Nun bemerkt der Meister des Emotionalstrahles, dass sich ein neuer Partner, der sich künftig im Lebensplan findet, nähert. Er weiß, diese beiden müssen sich treffen, um ein Stück des Weges zusammenzugehen. Er könnte nun bei seinem Menschen entsprechend die Emotionen (Interesse bis Liebe) in die Wege leiten. Das wäre der praktische Weg. Das darf er jedoch nicht. Das bedeutet, er muss sich zunächst an die geistige Führung seines Menschen wenden und nachfragen, ob er die Fäden ziehen darf.

Nun kann es durchaus geschehen, dass die Führung ganz klar ablehnt. Es ist zwar richtig, dass sich die beiden begegnen müssen, aber die Führung sieht klar, dass es vielleicht noch zu früh ist. Der Mensch braucht noch Ruhe und eine gewisse Einsamkeit, um sich zu finden. Sie gibt dann das klare Signal, die Begegnung noch nicht herbeizuführen. Aufgeschoben ist nicht aufgehoben.

Wir sehen also, es besteht hier eine klare Hierarchie. Die Lenker der Strahlen der niederen Körper betrachten nur die Position des betreffenden Strahles im Plan. Sie beraten zwar untereinander und machen brauchbare Vorschläge. Die wahren Entscheidungen trifft jedoch letzten Endes unsere Führung.

Ein weiteres Beispiel sind die sogenannten geistigen Prüfungen, von allen so geliebt. Beispiel Mentalkörper. Unsere Führung kennt unseren Plan im Sinne der Lebensaufgabe sehr genau. Ein Mensch ist bereits gut in seiner wahren Aufgabe angekommen. Er weiß, er erfüllt seine Themen gut und fühlt sich wohl. Dennoch gibt es noch eine Steigerung. Diese ist auch mit mehr Lohn und geistiger Erfüllung verbunden. Die Führung erteilt nun dem Lenker des Mentalstrahles den Auftrag, seinen Menschen einer gewaltigen Prüfung auszusetzen. Er muss beweisen, dass er die zusätzliche Belastung ertragen kann. Der Lenker des Mentalstrahles muss diesen Menschen nun neuen Themen aussetzen. Es wird diesem Menschen signalisiert, dass er sich wieder einmal verändern muss. Mag sein, dass eine neue Ausbildung erforderlich ist, eine Kündigung, ein Umzug oder sogar eine zeitweise Arbeitslosigkeit, um einen neuen Blickwinkel zu erlangen. Erst wenn der Mensch bewiesen hat, dass er sich auf den neuen Weg macht, indem er Taten folgen lässt, schaltet sich die Führung wieder ein, um klare Impulse in puncto Erfolg zu senden. Es kommt dann auch zur "Gehaltserhöhung". Sie können es sich wie ein Gespräch zwischen Personalchef und Abteilungsleiter vorstellen, die beraten, wer als Nächstes für eine Beförderung vorzusehen ist. Man kommt überein, einen bestimmten Mitarbeiter zunächst mit Arbeit und Überstunden zuzuwerfen, ohne ihm etwas über den Plan zu sagen. Erst wenn der Mitarbeiter gezeigt hat, dass er belastbar ist, kommt es zur Beförderung und Gehaltserhöhung. Das fördert die Kompetenz und Verantwortung. Der Abteilungsleiter ist zunächst der Ansprechpartner für den Mitarbeiter. – Manchmal ist ein irdischer Vergleich ganz angebracht, obwohl viele Menschen das ablehnen. Wichtig ist, dass wir uns merken: Unsere Führung hat die stärkste Macht, so ist also auch gleichzeitig unser Seelenstrahl der dominierende.

Gehen wir also weiter in unserem Entwicklungsprozess. Die Entwicklung des Egos hat stattgefunden. Der Persönlichkeitsstrahl hat die Führung übernommen. Das entwickelte Ego beginnt langsam zu hinterfragen: Seele, Karma, geistige Führung, Lebensaufgabe, was ist lange Zeit auf der Strecke geblieben? Das heißt, alle esoterischen Themen, das Unsichtbare und Ungreifbare gewinnt an Bedeutung.

Es kommt zu stärkeren Erfahrungen und Aha-Momenten, in denen dem Menschen bewusst wird, dass sich hier viel mehr abspielen muss, als der kleine Verstand wahrnehmen kann. Man kann sagen, die reine Verstandesebene wird überwunden. Viele sprechen da schon von zu erwartender Erleuchtung, aber davon sind wir noch weit entfernt. Man kann höchstens sagen: Ein Teil des Kronleuchters beginnt zu leuchten.

Das ist dann der Moment, in dem sich das Ego auf die Seele zubewegt, um sich dann, wenn es für das Ego stimmt, der Seele unterzuordnen. Für die Seele stimmt es immer, wenn sich das Bewusstsein entwickelt hat. Doch das Ego spielt uns die größten Streiche. Ich habe hier schon alle Varianten miterlebt. Es gibt Egos, die schön im Gleichschritt vorangehen. Andere meinen, vom Golf auf den Ferrari umsteigen zu können, indem sie das Gaspedal durchtreten. Manche legen gewaltige Pausen ein oder gehen interessante Um- und Schleichwege. Die Krönung sind dann diejenigen, die nach langer, mühevoller Kleinarbeit urplötzlich den Kompass weglegen, um wieder exakt die Gegenrichtung einzuschlagen. (Wer das tut, kann sich nur selbst wehtun und schaden.) Dem einen geht die ganze Entwicklung nicht schnell genug, während sich der andere ständig überfordert fühlt. Ganz zu schweigen von der Fraktion, die die Anforderungen der Seele als Unverschämtheit einstuft. All diese Varianten muss man kennen lernen, um das Menschliche zu verstehen. Ist es jedoch geschafft, und die Unterordnung hat stattgefunden, führt kaum noch ein Weg zurück. Man hat Blut geleckt und weiß, die Flucht kann nur nach vorne in die Sicherheit führen, wobei es diese einfach nicht gibt. Wer das Wort "unterordnen" nicht mag, weil allzu oft Sklave gewesen, der nennt es schlichtweg Integration. Das ist der humanere Ausdruck. Die Folgen sind die gleichen, aber der Mensch meint, sein Ego darf die Persönlichkeit integrieren oder sich selbst in die Seelenenergie integrieren. Wir folgen hier nur dem nächsten Entwicklungsschritt im Irdischen. Meist wird dann der "vorläufige weltliche Beruf", von dem die Meister bei uns sprechen (und der durchaus dreißig Jahre und mehr dauern kann!) dann auch langsam Historie, und wir folgen dem wahren Ruf in die Berufung. Aber wie gesagt, es gibt viele Varianten, diesem Schritt erfolgreich zu entkommen. Doch alle Wege führen schlussendlich nach Rom, in welcher Inkarnation auch immer.

Die in uns gelagerten Energiestrahlen müssen nach und nach eine Symbiose eingehen. Hier sind wir in erster Linie die Manager. Die Strahlenlenker, auch andere Meister, die auf den betreffenden Strahlen arbeiten, und nicht zuletzt die atlantischen Priester helfen uns auf allen Ebenen bei dieser ständigen Entwicklung.

Sowohl in der Einzelarbeit als auch in meinen Seminaren ist die Bestimmung der Energiestrahlen der einzelnen Ebenen von grundlegender Bedeutung. Allerdings sind mir hier Grenzen gesetzt, und das hat seine Berechtigung. Es gibt Bereiche des Menschen, da hat niemand etwas verloren. Der Seelenstrahl hat die stärkste Macht und zeigt klar die Strukturen auf, die dieses Wesen seit Zeitaltern in sich trägt. Das ist die Grundlage meiner intensiven Arbeit mit Einzelpersonen, denn nur so können wir in eine effektive und direkte Arbeit mit der Führung gelangen. Die Strahlenenergien des Egos im Sinne des ätherischen, emotionalen und mentalen Körpers zählen zur Eigenarbeit der

Klienten. Das heißt, sie müssen im Laufe der Zeit lernen, ihre Energiekabel selbst zu entdecken und zu deklarieren. Ich kann diese Strahlen zwar sehen, doch ist es mir nicht gestattet, sie zu offenbaren. Wir haben es hier mit dem Ego des Menschen zu tun, und dort trifft noch immer der Spruch ins Schwarze: "Selbsterkenntnis ist der beste Weg zur Besserung." Es ist nicht gut und gewinnbringend, wenn man den Menschen alles offenbart. Nicht selten käme es zur Ablehnung, denn wer will sich schon gerne mit den negativen Strahlenaspekten befassen? Bittet mich jemand nach eingehendem Studium der eigenen Persönlichkeit um Bestätigung seiner Wahrnehmung, können wir in Ruhe ans Werk gehen.

Ich erlebe so seit vielen Jahren ein inneres Wachstum der Menschen, das unbezahlbar ist. Sie lernen sich kennen, indem ihnen niemand etwas vorschreibt oder sie in Schubladen einordnet. So sind sie auch bereit, ihre Schattenseiten zu akzeptieren und zu transformieren. Sie müssen sich bei niemandem dafür bedanken, und das ist gut so. Die einmal gewonnene Erkenntnis kann ihnen niemand mehr nehmen. So erlangen die Menschen eine große innere Sicherheit. Unterstützt wird dieser Erkenntnisprozess durch meine Seminare, die strahlenspezifisch in die Tiefe gehen. Wir nehmen uns viel Zeit für die Analyse und für Fragen, die immer wieder auftauchen. Im Laufe der Zeit bildete sich so ein Kreis von Menschen, die wirklich an sich und ihrem Plan arbeiten möchten. Es macht großen Spaß, sich hier immer wieder zu treffen, denn man sieht die Fortschritte. Die Menschen erkennen, dass nur sie selbst den spirituellen Weg beschreiten können. Niemand kann ihnen die schnelle Erleuchtung verkaufen, auch wenn es oft genug versucht wird. Die Einzelarbeit mit mir und die Seminare sind sehr anstrengend, doch der Erfolg gibt mir Recht.

Um die Strahlenarbeit als energetischen Vorgang zu verstehen, müssen wir lernen, dass der Einsatz der Strahlen sehr facettenreich ist. Betrachten wir also nochmals die einzelnen Säulen unseres Lebens:

Zunächst einmal benötigen wir grundsätzlich die Energie aller sieben Existenzstrahlen der Schöpfung, damit wir überhaupt den Weg ins Leben antreten können. Hier wissen wir, dass die Eingangspforten für die Strahlen die einzelnen Chakren bilden. Das ist die ureigenste Grundversorgung des Menschen und des Tieres.

Erster Strahl	blau	Pforte Halschakra
Zweiter Strahl	goldgelb	Pforte Scheitelchakra
Dritter Strahl	rosa	Pforte Herzchakra
Vierter Strahl	weiß	Pforte Wurzelchakra
Fünfter Strahl	grün	Pforte Drittes Auge
Sechster Strahl	rubinrot	Pforte Solarplexus
Siebter Strahl	violett	Pforte Sakralchakra

(Das Schaubild zur Strahleneinwirkung auf die Chakren finden Sie im Farbteil.)

Ohne diese Grundversorgung könnten wir nicht existieren. Später sprechen wir noch über die fünf weiteren Strahlen, indem wir von der Grundversorgung weggehen.

Diese Grundversorgung entsteht im Moment der irdischen Zeugung, damit wir uns überhaupt entwickeln können. Dann stehen wir vor der Geburt. Wir müssen uns entscheiden, wie wir unsere Ziele verfolgen möchten. Es ist unsere

Aufgabe, uns zu entscheiden, wie wir den Weg durch das Leben gehen möchten. Dafür speichern wir uns dann in jeden der niederen Körper des Egos das entsprechende Energiekabel. Es ist, als würden wir unser eigenes Ego als Architekt entwerfen. Denken Sie immer an Öl und Gas.

Nun kommen wir zu den fünf weiteren Strahlen, die sich in unserem Kausal- oder Lichtkörper befinden. Diese Strahlen wurden im Jahre 1987 durch den sogenannten Lichtkörperprozess in unserer Sonnenwirbelsäule aktiviert. Sinn und Zweck dieser Aktion war einfach, alle existierenden Wesen auf das neue Zeitalter vorzubereiten. Aber was bedeutet dieser Prozess eigentlich? Es ist ganz einfach. Ich gebe Ihnen dafür ein ganz simples Beispiel, damit Ihnen klar wird, dass sich niemand auf dem Holzweg befinden kann. Es gibt unter uns keine Elite. Jedes Wesen folgt seinem Plan und kreiert sich seine "Erleuchtung" zur rechten Zeit. Die Meister nehmen jeden mit, wenn er auf den fahrenden Zug aufspringt. Dafür brauchen Sie keine ominösen Einweihungen und spirituellen Reisen mit Toröffnungen. Wer auf der Erde sollte denn dazu berechtigt sein?

Beispiel: Sie stellen sich vor, Sie haben ein neues Haus gebaut. Dieses Haus besitzt insgesamt sieben Zimmer. Die Finanzen waren knapp, und das Haus wurde nur mit dem Nötigsten ausgestattet. In jedem der Zimmer gibt es eine Deckenlampe, damit man nicht die Augen in die Hand nehmen muss, Sie wollen ja alle Räume bewohnen. In weiser Voraussicht hat Papa aber überall in den Räumen genügend Steckdosen und Stromleitungen verlegen lassen. Zum Teil ragen sogar Strippen aus der Wand, die man zunächst einmal sauber und ordentlich mit Bildern verhängt. Könnte ja sein, dass man mal günstig eine Wandlampe ersteht. Wir alle wissen, dass wir im Keller oder Flur einen Sicherungskasten besitzen. Jede Menge Sicherungen sind dort zu sehen. Ein Teil davon ist hochgeknipst, damit die Deckenlampen und die Steckdosen funktionieren. Fünf Sicherungen ragen nach unten – kein Saft drauf. So lebt die Familie munter für einige Zeit. Dann hat man sich doch einiges angespart. Die finanzielle Lage hat sich verbessert, man ist aus dem Gröbsten raus. Neue Interessen sind wach geworden. Man will sich was leisten. Eine neue Couch, Papa erwägt im Wohnzimmer einen Sekretär mit Tischleuchte, Mama wünscht sich neben dem Sofa eine Stehlampe, und im Schlafzimmer wären Wandlampen doch heimeliger. Der Bedarf an zusätzlichen Lichtquellen wächst. Man geht zum Einkaufen und bringt entsprechend viele Lampen mit. Alles wird angeschraubt, aufgebaut, installiert. Der Griff zum Lichtschalter oder Lampenknipser folgt. Alles tot! Nichts funktioniert. Es kann doch unmöglich alles defekt sein! Plötzlich kommt Papa die erleuchtende Idee. Er rennt zum Sicherungskasten und kapiert. Sofort schnarren die fünf nach unten zeigenden Sicherungen nach oben. Zack, alle Lampen leuchten. Mama ist happy und Papa geschafft. Doch er hat noch nicht das Wohnzimmer erreicht, da wünscht er sich, nie im Baumarkt gewesen zu sein. Bereits im Flur hört er, dass alles neu gestrichen werden muss, dass der Teppich Flecken hat und dass die Vorhänge sowie nichts mehr sind. Eine Putzfrau muss auch her, weil man jetzt den Staub noch viel mehr sieht. Die große Erleuchtung hat also direkt neue Arbeit mit sich gebracht. Papa macht auf dem Absatz kehrt und rennt zum Sicherungskasten, um sich das Leben wieder so bequem zu gestalten wie zuvor. Doch sein verzweifelter Griff zur Sicherung bleibt ohne Erfolg. Sämtliche Sicherungen haben Widerhaken ausgefahren und krallen sich unerbittlich fest. Im Grunde genommen bleibt ihm nur noch der verbotene Schlag auf die Panzersicherung, damit alles dunkel wird. Doch dann hätte er andere Probleme an der Backe. Es bleibt ihm nichts anderes übrig, als sich kleinlaut der neuen Herausforderung zu stellen.

Und genau das hat sich 1987 bei uns allen abgespielt. Wir alle waren mit den einfachsten Prozessen seit Kriegsende beschäftigt. Sanat Kumara hatte uns durch seine Rückkehr zur Venus den großen Prüfungen ausgesetzt, die wir alle bisher ganz gut versemmelt haben. Wir sollten den Weltfrieden schaffen, um das neue Zeitalter einzuleiten.

Ab den Fünfzigern und Sechzigern sind dann all diejenigen inkarniert, die das neue Zeitalter mit begründen wollten und sollten. Als die dann erwachsen waren und genügend Federn gelassen hatten, bückelten alle. Man ging in die geistige Schulung und beantragte neue Lampen. Man wollte die Häuser auf Vordermann bringen. Unser "freier" Wille ist Befehl. Jetzt stelle man sich vor, es gibt im Geistigen einen einzigen, riesigen Stromversorger.

Dort wurde jemand beauftragt, einen Hauptschalter umzulegen. Gesagt – getan. Auf Kommando floss von dieser Stunde an eine immense zusätzliche Energie durch eine fünffarbige Stromleitung, die dann in sämtlichen irdischen Sicherungskästen fünf Leitungen mit ihren Sicherungen mit Strom versorgte. Und nun lag und liegt es an jedem Einzelnen, diese Sicherungen hochzufahren. Die Widerhaken krallen sich fest, und dann ist die Herausforderung da. Wer sich nun bewusst an die Arbeit mit diesen Strahlen macht, aktiviert sie sowieso. Es bleibt uns im Grunde genommen nichts anderes übrig, als alles zu beleuchten und uns an die Arbeit zu machen.

Diese fünf neuen Strahlen, nennen wir sie einfach so, bringen uns schlichtweg hohe ethische Werte. Sie haben nichts mit unserer Grundexistenz zu tun. Deshalb können wir auch nicht auf diesen Strahlen inkarnieren. Der achte Strahl ist aquamarinfarben. Er versorgt uns mit unerschütterlicher Klarheit und Unterscheidungsvermögen. Viele Menschen wünschen sich, Gedanken lesen zu können. Herzlichen Glückwunsch, dieser Strahl hilft Ihnen dabei. Sie müssen aber auch mit den negativen Gedanken Ihrer Mitmenschen umgehen können, das wird verlangt. Da nützen Ihnen alle Emotionen nichts mehr. Sie erkennen Lügen und Falschheit und müssen sie zulassen, bis die anderen sich von selbst verändern.

Der neunte Strahl leuchtet magenta. Hier wird von uns verlangt, dass wir ständig in der Mitte bleiben und unser emotionales Gleichgewicht nicht verlieren.

Der zehnte Strahl leuchtet golden und bringt uns die Fülle, die Sicherheit, die Geborgenheit im großen Ganzen.

Der elfte Strahl ist pfirsichfarben und erzeugt in uns Lebensfreude und Enthusiasmus.

Der zwölfte Strahl schließlich hat die Farbe Opal und hilft uns, in die geistige Wiedergeburt zu gehen. Wir schöpfen aus unserem uralten Wissen und kehren zu unserer Originalität zurück.

Das sind nur kurze Beschreibungen. Mein Buch über die zwölf göttlichen Strahlen behandelt dieses Thema ausführlich.

Die Einwirkungen:

Achter Strahl	aquamarin	Pforte zwischen Halschakra und Drittem Auge
Neunter Strahl	magenta	Pforte zwischen Halschakra und Herzchakra
Zehnter Strahl	gold	Pforte zwischen Herzchakra und Solarplexus
Elfter Strahl	pfirsich	Pforte zwischen Herzchakra und Solarplexus
Zwölfter Strahl	opal	Pforte zwischen Milzchakra und Wurzelchakra

(Das Schaubild zur Strahleneinwirkung auf die Chakren und eine Darstellung aller zwölf kosmischen Strahlen finden Sie im Farbteil.)

Diese Strahlen helfen uns beim sogenannten Lichtkörperprozess, um uns so auf den lang ersehnten und von allen gewünschten Aufstiegsprozess vorzubereiten. Deshalb liegt es auf der Hand, dass wir selbst entscheiden, wann dieser Moment gekommen ist. Wir müssen beweisen, dass wir in der Lage sind, all diese Aspekte zu leben und nach außen zu tragen. Kein irdischer Mensch kann uns dabei helfen. Wir sind auf uns selbst gestellt.

So haben wir schon zwei Konstruktionsebenen in unserer Existenz. Während des gesamten Lebens sind wir nun in der Lage, aufgrund der Existenz aller zwölf kosmischen Strahlen im Licht- oder Kausalkörper, ständig erforderliche Energie zu aktivieren, indem wir einzelne Strahlen bei Bedarf aktivieren und gezielt zuführen. Hier ist dann die Eingangspforte wiederum das entsprechende Chakra direkt oder der Raum zwischen zwei Chakren, je nach aktiviertem Strahl. Von dort aus leite ich die Energie in den Körper, in dem sie aktuell gebraucht wird. Das ist die einfachste Form der Lichtarbeit. Wer das schon einmal beherrscht, ist so gut wie unabhängig von der Hilfe anderer Zeitgenossen, es sei denn, Karma nimmt seinen Lauf.

Ein Beispiel: Wir wissen, unsere Steuererklärung wartet darauf, dass wir uns grundsätzlich an sie erinnern – und vor allem daran, wann der Abgabetermin ist. Wir haben tausend Gründe, sie nicht zu bearbeiten. Was immer uns als triftiger Grund einfällt, verhindert diese interessante Arbeit. Der Abgabetermin rückt näher und näher. Schlafstörungen und Gewissensbisse wechseln sich ab. Dann kommt der Tag, an dem es an unserem Schreibtisch hektisch wird. Schweißausbrüche, fehlende Belege, Chaos, Frust und zuletzt Wut über unsere eigene Faulheit bewirken Emotionen, seltsame Gedanken, nicht selten Magenschmerzen und dann die schnelle, schludrige Handlung, die unter Umständen dazu führt, dass uns wertvolles Geld unter den Händen zerrinnt und der Fiskus sich die Hände reibt. Hauptsache, es ist erledigt und geht irgendwie durch.

Was könnten wir tun, wenn wir merken, dass unsere Knackpunkte mangelnde Disziplin wieder einmal im Begriff ist, uns ein Bein zu stellen? Wir wissen, dass der weiße Strahl die Disziplin fördert. Serapis Bey lenkt diesen Strahl. Zudem gibt es einen atlantischen Priester namens Sankturum, der ebenfalls in den Startlöchern steht, um uns zu zwiebeln. Beide sind in der Lage, uns eine geballte Ladung Disziplin zu verpassen, wenn wir sie darum bitten. Das heißt also, wir müssen die Energie anfordern, alles andere wäre Manipulation. Wir schreiten also zur Tat und fordern beide auf, uns zu helfen. Dann visualisieren wir den weißen Strahl im Kausalkörper und ziehen ihn herunter. Er durchquert zunächst die harte Schale des Egos, wandert durch den mentalen und den emotionalen Körper, um dann im ätherischen Körper den Zugang ins Wurzelchakra zu finden. Diesen Vorgang stellen Sie sich vor, als würden Sie dort ein weißes Lichtkabel in eine Steckdose stecken. Vergleichen Sie es mit einer Kaffeemaschine, die Sie per Stromkabel mit der Steckdose verbinden. Jetzt fließt die Energie grundsätzlich ins Wurzelchakra. Aber genauso wenig wie ihre Kaffeemaschine jetzt Kaffee produziert, wird der weiße Strahl im Wurzelchakra ihre Steuererklärung erstellen. Wenn das möglich wäre, garantiere ich Ihnen, dass viele Leute ein Vermögen für dieses Patent ausgeben würden. Doch so einfach ist es nicht. Auch die Kaffeemaschine muss ordentlich befüllt sein, damit nach dem Drücken des Schalters etwas passieren kann. So muss auch bei uns alles in den Startlöchern stehen, um nach Zufuhr der Energie etwas zu erzeugen. Was tun wir also? Wir wissen, unser Schreibtisch beherbergt das Chaos, in das die Ordnung gehört. Jetzt lassen wir die Energie des weißen Strahles aus dem Wurzelchakra heraus direkt in den mentalen Körper fließen, da dieser der Manager der Steuererklärung ist. Gleichzeitig bitten wir Serapis Bey und Sankturum, uns gewinnbringend zu unterstützen. Ich verspreche Ihnen, dass Sie die Nacht zum Tage machen, wenn diese beiden Herren ihre Greifarme ausfahren. Es bedarf also unserer Aktivität, um die Strahlenenergie korrekt zu nutzen.

Das ist nun eine Aktion von vielen gleichzeitig ablaufenden. Nun folgt die nächste "Kleinigkeit", die uns zusätzlich energetisch beansprucht: Die Präzipitation. Das Erschaffen aus der Urmaterie ist im Grunde genommen die erste und auch die letzte Handlung des existierenden Wesens. Die Entscheidung, unsere eigene Zeugung positiv abzusegnen, ist unsere erste Präzipitation, die exakt mit dem irdischen Tod wieder endet. Die Zeitspanne zwischen

Zeugung und Tod ist ausgefüllt mit unzähligen Präzipitationen. Wir können sagen, alles, was wir uns als Ziel setzen, ist der Beginn einer Präzipitation. Dann kommt es darauf an, wie wir uns mit der Umsetzung dieses Ziels beschäftigen. Geben wir irgendwann unterwegs genervt oder enttäuscht auf, oder halten wir durch, bis wir ein brauchbares (besser wäre optimales) Ergebnis verzeichnen können? Möglichkeiten gibt es viele. Wir alleine bestimmen durch unser Verhalten das Ergebnis unseres Einsatzes.

Stellen wir uns diesen Prozess wie eine Treppe vor. Die erste Stufe ist die Zielsetzung, und dann steigen wir empor, bis das Ziel erreicht ist. Im geistigen Sinne besteht diese Treppe aus insgesamt zwölf Stufen. Diese sind:

erste Stufe	Zielsetzung
zweite Stufe	Klarheit
dritte Stufe	Weisheit
vierte Stufe	Ausgeglichenheit
fünfte Stufe	aktive Intelligenz

sechste Stufe	Disziplin
siebte Stufe	Wahrheit
achte Stufe	Rückkehr zum Ursprung
neunte Stufe	Transformation
zehnte Stufe	Fülle, Reichtum
elfte Stufe	Lebensfreude, Enthusiasmus
zwölfte Stufe	Manifestation, Frieden, Loslassen

Jede einzelne Stufe wird durch die zwölf Strahlen des kosmischen Lichts genährt und unterstützt. Hier sehen wir, dass wir durch den bewussten Einsatz aller zwölf Energiestrahlen entschieden schneller zum Ziel gelangen können. Dennoch müssen wir unterwegs Karma bearbeiten.

In meinem Buch über die zwölf göttlichen Strahlen habe ich das Thema der Präzipitation ausführlich beschrieben. Wir üben diese sinnvolle Technik auch in sehr arbeitsreichen Seminaren. Es ist wirklich eine Technik, die man im Schlaf beherrschen sollte, denn es geht nichts über ein ausreichend formuliertes Ziel und einen effektiven Plan unter Inanspruchnahme der bestmöglichen

Hilfestellung im Geistigen. Lassen Sie sich darauf ein. Sie werden entdecken, wie selbstbestimmt und unabhängig Sie zum Erfolg gelangen werden.

Rekapitulieren wir also nochmals die fünf verschiedenen Ebenen des Einsatzes der zwölf kosmischen oder göttlichen Strahlen:

- Ebene eins:
Grundversorgung aller sieben Chakren mit den sieben Strahlen zwecks Lebensenergie während der Inkarnation.

- Ebene zwei:
Einspeisung der gewünschten Strahlenkonstellation in die niederen Körper (Ätherkörper, Emotionalkörper, Mentalkörper und Persönlichkeit) vor der Geburt, je nach Zielsetzung, Karma und Beschaffenheit bzw. Charakter.

- Ebene drei:
Lichtarbeit: Zufuhr der Strahlenenergie aller zwölf Strahlen für jedweden Bedarf. Einleitung zunächst in die entsprechende Pforte

und dann Weiterleitung in den bedürftigen niederen Körper des Egos.

• Ebene vier:
Lichtkörperprozess: gezielte Arbeit mit den zwölf Strahlen. Akzeptanz der ethischen Werte, Prüfungen, verstärkte geistige Arbeit zum Wohle aller, um den Aufstieg zu erlangen.

• Ebene fünf:
Präzipitation: jeglicher Schöpfungsprozess von der Zielsetzung bis zum Ergebnis unter gezieltem Einsatz der Strahlenenergien aller zwölf Strahlen. Wir nehmen die Herausforderungen, Aufgaben und Probleme an, lösen sie und erreichen so das optimale Ziel, nicht den Kompromiss. Wir wollen "die Taube auf dem Dach".

Vielleicht wird so besser verständlich, wie sinnvoll es ist, mit dem Pilgern aufzuhören. Wer diese Arbeit wirklich verstanden hat, ist so mit sich beschäftigt, dass der Tag mit 24 Stunden nicht ausreicht.

UNSER LEBENSPLAN

In unseren niederen Körpern des Egos legen wir alle unsere Ziele fest. Wir speichern unser gesamtes noch vorhandenes Karma in die einzelnen Körper, damit wir uns der Bearbeitung zuwenden können, wenn die Zeit dafür gekommen ist. Die dritte Ebene ist unsere Beschaffenheit insgesamt, sowohl physisch als auch emotional und mental. All diese Themen haben wir während der Zeitspanne unseres Lebens, die exakt festgelegt wurde, zu managen. Unsere geistige Führung hält unseren Lebensplan in den Händen und hat lediglich die Aufgabe, uns von Anfang bis Ende durch exakte Impulse zu führen. Je intensiver wir uns durch konkrete Forderungen und Zielsetzungen an die Führung wenden, umso klarer sind die Impulse und Hinweise. Nun spielen auch noch viele andere Faktoren eine wichtige Rolle. Unsere astrologischen Aspekte sind vorhanden, die numerologischen und zuletzt auch unser Stand des Bewusstseins.

Wir können uns unser Leben vorstellen wie ein Lineal. Das lässt sich gerade in der Numerologie wunderbar ablesen, doch hier machen viele Menschen einen gravierenden Fehler in der Berechnung. Stellen wir uns also ein Lineal vor, das unser Leben darstellt. Der Punkt null ist der Moment der Geburt, wir treten unseren Weg im Irdischen an. Jedes weitere Lebensjahr ist dann mit einem Zentimeter vergleichbar. Nun haben wir aber schon vor der Geburt, also während der Schwangerschaft existiert. Legen wir diese Phase einfach in den Minusbereich, wir waren ja noch nicht sichtbar. Dennoch waren wir vorhanden und haben bereits gelebt und Dinge erlebt. Die Konstellation, die sich also durch die Berechnung zum Zeitpunkt der Geburt ergibt, schließt praktisch die erste Lebensphase im Mutterbauch ab. Wir haben diese Konstellation, die jetzt unsere Persönlichkeit abschließend darstellt und beschreibt, bereits durchlebt. Wenn wir nun herausfinden wollen, was dem Kind im ersten Lebensjahr und in allen weiteren bevorsteht, müssen wir immer ein Jahr vorausrechnen.

Ein kurzes Beispiel:

Ein Kind wurde geboren am 02.01.2000

Numerologie:

> 2000
> +   1 für den Monat
> +   2 für den Tag
> _____
> 2003 = Quersumme 5

Die Persönlichkeit dieses Kindes wird durch den Hierophanten unterstützt, und die verborgene Seite ist die Mäßigkeit (14).

Diese Konstellation des Hierophanten wurde während der Schwangerschaft schon gelebt.

Wenn wir nun die Phase des Lebens vom 02.01.2000 – 02.01.2001 berechnen wollen, müssen wir logischerweise vorausrechnen, also:

> 2001
> +   1 für den Monat
> +   2 für den Tag
> _____
> 2004 = Quersumme 6

Das erste Lebensjahr dieses Kindes ist geprägt von der Thematik der Liebenden, und die verborgene Seite ist der Teufel (15).

Wir müssen einfach nur verstehen, dass wir in der Schwangerschaft bereits existieren und leben, wenn auch für die anderen unsichtbar. Gleichzeitig sind für meine Begriffe auch die astrologischen Werte bereits vorhanden. Der Mensch inkarniert in dem Moment, in dem er sich entscheidet, die Mutter zu verlassen. So wäre es logisch, diesen Moment als tatsächlichen Geburtsmoment zu akzeptieren.

Wir bestimmen durch die Geburt und ihren Zeitpunkt unsere späteren Werte, und so leben wir unser Lebenslineal. Unser Plan vollzieht sich unaufhörlich. Wir selbst würden ohne unsere geistige Führung vollkommen den Überblick verlieren. Zu intensiv sind wir mit der Illusion der irdischen Materie beschäftigt. Unsere Führung hält unseren Plan fest in den Händen und konfrontiert uns sehr konsequent mit allen Details. Dazu gehören auch die Menschen, die uns aus karmischen Gründen begegnen müssen. Diese Logistik ist für unser menschliches Gehirn nicht nachvollziehbar. Wir werden im Grunde genommen wie Schachfiguren bewegt. Minutiös vollzieht sich ein Fahrplan. Es gibt viele Menschen, die der Meinung sind, wir könnten den Plan jederzeit verändern, vor allem dann, wenn die uns einholenden Ereignisse und Hindernisse schmerzhafte Eindrücke hinterlassen. Das wäre zu schön, um wahr zu sein. Gerade diese "Ungereimtheiten" stoßen uns mit der Nase auf Karma. Die Hasenfußtechnik fordert ebenso ihren Preis. Wir müssen uns nur vorstellen, dass sämtliche Pläne exakt gesteuert werden. Wenn wir nun hingehen und verändern unseren Plan nach eigenem Gusto, bricht das gesamte System zusammen. Sie kennen das alle von ausfallenden Zügen. So mancher hat schon den Versuch gemacht, einen gemeinsam gefassten Plan plötzlich alleine durchzuführen, wenn ihm die Beziehungskisten zu anstrengend wurden. Nur seltsam, dass die nächste Kiste, die sich auftut, das Dilemma in noch stärkerem Ausmaß enthält. Woher kommt das?

Wir stellen uns vor, dass jemand ein ständiges Problem mit dem Ego hat in seinen Beziehungen, z. B. Eifersucht. Sie zieht sich wie ein dicker roter Faden durch das heutige Leben. Das geschieht sicherlich nicht zum ersten Mal. In früheren Leben hat sich das Thema schon verselbstständigt. Heute ist es viel leichter, sich mal schnell zu trennen. Beim nächsten Mann/bei der nächsten Frau wird ja alles anders. Das bedeutet, dass dieser Mensch in früheren karmischen Beziehungen unter Umständen noch viel intensivere Erlebnisse durch seinen Schwachpunkt hatte, da er aus dieser Nummer nicht mehr herauskam. So liegt auf der Hand, dass die alten Erfahrungen mit verschiedenen Partnern sehr schwer wiegen. Kommt er nun im heutigen Leben wieder an seine Schwachstelle, sollte er immer daran denken, wie wichtig es ist, das Thema zu bearbeiten. Glücklich kann er sich dann schätzen, wenn er einen Partner findet, der auch noch Verständnis für seine Lage hat und ihm von Herzen helfen möchte. Ist er dann bereit, an sich und seiner Kiste zu arbeiten, kann er die Blockade lösen. Die Beziehung verläuft nach Plan, und alle Beziehungen mit früheren Partner, die mit ihm in Krisen geraten sind, erledigen sich von selbst. Diese Menschen müssen sich logischerweise auch mit dem Thema Eifersucht befassen. Doch in dem Moment der Auflösung geht auch bei ihnen der Knoten in die Lösung. Das heißt, dieser Teil des kollektiven Plans verliert seine karmische Bedeutung. Das Ergebnis ist ein friedlicheres Leben im Sinne des Plans. Legt es unser Kandidat jedoch auf eine erneute Trennung an, muss er den alten Kameraden wieder begegnen. Das Thema wird kultiviert und bis zur Einsicht fortgeführt.

Ähnlich verhält es sich auch, wenn man sich vorgenommen hat, gemeinsam nach erfolgter Begegnung ein gemeinsames Projekt ins Leben zu rufen. Da auch hier sicherlich Karma zu bearbeiten ist, spielen viele Faktoren eine Rolle. Das ist niemals leicht, und das wissen wir alle. Kommen dann die Konflikte an die Oberfläche, und meint einer der Beteiligten, er könne dieses Projekt auch alleine durchführen, wird er scheitern. Sobald wir uns bewusst werden, was wir uns im Plan vorgenommen haben, sollten wir uns verpflichtet fühlen, dem Ganzen gerecht zu werden. Alles andere ist nicht korrekt und Eigenverrat. Wir schaden uns nur selbst. Der Plan ist nicht änderbar. Jede Abzweigung, die wir nehmen, führt irgendwann in eine Sackgasse. Dann müssen wir umkehren und neu navigieren.

SEELENPARTNER, ZWILLINGSSEELEN, DUALSEELEN

Ein nicht enden wollendes Thema ... Dabei ist es eigentlich sehr einfach. Wie wir nun wissen, entstammen wir alle einer einzigen Monadenfamilie. Unsere insgesamt zweihundertsiebenundachtzig Seelengeschwister können uns jederzeit begegnen. Daraus entstehen durchaus Seelenpartner oder auch Zwillingsseelen. Seelenpartner sind Wesen, mit denen wir viel zusammen erlebt haben, mit denen wir uns gut und nicht so gut verstanden haben. Wir teilen alte Erfahrungen und Potenzial. Wenn wir uns wiederbegegnen, spüren wir eine tiefe, alte Verbindung, wie auch immer sie dann gelebt wird. Zwillingsseelen sind Seelen, die irgendwann tatsächlich als Zwillinge mit uns inkarnierten. Hier waren die Erfahrungen unter Umständen noch intensiver. Wie gesagt, sie können aus der eigenen Monadenfamilie stammen.

Gleichzeitig kam und kommt es aber auch zu diesen Konstellationen mit Seelen aus anderen Monadenfamilien. Wir trafen uns, befanden, dass wir gemeinsam etwas unternehmen könnten, und dann war die Mischung perfekt. Wir können daraus also folgern, dass Begegnungen aus verschiedenen Monadenfamilien das gesamte System, bedingt durch den Aufbau von Karma, nur komplizierter machen. So kann es sein, dass sich diverse Monadenfamilien beim Fortschritt gegenseitig behindern, weil man sich vorgenommen hat, Karma zu kultivieren.

Unsere Dualseele kann es grundsätzlich nur einmal geben, selbst wenn sie in verschiedene Anteile aufgeteilt ist. Es geht hier um die Schwingung. Wir wissen, dass wir uns vor einer erneuten Inkarnation in viele kleine Anteile aufteilen können, um möglichst viel abzuarbeiten. Das kann auch unsere Dualseele veranlassen. Die einstige Trennung in zwei Anteile entstand durch den Verlust der Androgynie. Was danach geschah, weiß nur unserer Höheres Selbst. Zunächst einmal müssen wir uns klarmachen, dass wir selbst und unsere Dualseele (auch in verschiedenen kleinen Anteilen) über das gleiche Höhere Selbst verfügen. Wir müssen auch den gleichen Seelenstrahl aufweisen. Können Sie sich in etwa vorstellen, was das bedeutet? Über dieses Höhere Selbst hat die Dualseele jederzeit Zugang zu uns, denn wir sind ja eigentlich eins. Die Trennung ist reine Illusion. Das bedeutet, dass wir auf der energetischen Ebene jede Verfassung unseres Duals aufnehmen, sei es Krankheit, Erfolg, Misserfolg, Freude, Trauer usw. Das Dual ist ein Teil von uns, so wie seine etwaigen Anteile. Alles, was sich dort abspielt, gelangt über das Höhere Selbst in unsere Wahrnehmung. So sind wir ständig aufgefordert, uns gegenseitig zu helfen, wenn auch unbewusst. Ich weiß, das ist schwer vorstellbar, zumal man sagen könnte, es besteht die Gefahr, dass der eine den anderen ausnutzt. Das kann tatsächlich vorkommen. Trotzdem ist es legal, weil wir eigentlich eins sind.

Wenn wir uns vor der Inkarnation in Absprache mit der geistigen Führung, die ja für beide gleich sein muss, vornehmen, der Dualseele zu begegnen, müssen alle Anteile zurückgekehrt sein. Das heißt, es dürfen keine Abspaltungen mehr unterwegs sein. Beide dualen Anteile sind komplett auf der geistigen Ebene angekommen. Sie planen eine gemeinsame Inkarnation, um so zu beweisen, dass sie in der

Lage sind, wieder zusammenzuwachsen. Das muss nun nicht als Partner sein, sondern es kann sich auch um eine Beziehung zwischen Familienmitgliedern, Freunden oder wem auch immer handeln. Es können also nur zwei komplette Anteile inkarnieren. Der Grund hierfür liegt auf der Hand: Die spätere Begegnung beider Anteile ist bahnbrechend. Man wird sich oft auch der Unterschiedlichkeit bewusst, und der Traum von der unerschütterlichen Einheit ist schnell ausgeträumt. Es wird klar, dass man einem Ideal hinterhergerannt ist. Dann kommen die Prüfungen, die nicht ohne sind. Beide müssen alle Kraft aufwenden, um jetzt in der Materie alles zu beweisen, was sie vorher so toll versprochen haben. Dafür müssen sie stark und fest sein. Die auftauchenden Krisen sind nur eine Frage der Zeit. Varianten zur Bewältigung gibt es viele. Nun nehmen wir aber an, es kommt zur Trennung, weil einer der beiden es dann doch zu schwierig findet. Der freie Wille schlägt wieder einmal zu. Der andere Anteil muss zusehen, wie eine lang erhoffte Chance sich in nichts auflöst. Doch was kann er tun? Er muss loslassen, in der Hoffnung, dass sich alles nochmals zum Guten wendet in diesem Leben.

Jeder geht nun seiner Wege - scheinbar. Der Anteil, der sich gelöst hat, merkt nach kurzer Zeit, dass es vielleicht doch ein Fehler war, so schnell die Flinte ins Korn zu werfen. Doch das liebe Ego ...! Außerdem hat er sich ohne großes Aufhebens in eine neue Beziehung gestürzt (wohlgemerkt: Es wurde nichts anders!). Jetzt hat dieser Anteil die Möglichkeit, sich über das Höhere Selbst bei seiner "besseren Hälfte" einzuklinken. Der andere Anteil spürt ständig seine Gedanken, Emotionen oder auch Trauer. Es kann eine ganze Zeit dauern, bis man wirklich merkt, was sich da abspielt. Das kann sehr schwierig werden für den Teil, der unter der Trennung sowieso stark leidet. Außerdem ist er nicht mehr bindungsfähig. Da nutzt auch das Loslassen nichts.

Wir können sagen, das ist sehr unfair, aber es passiert. Das zeigt, wie konsequent die Menschen mit ihren eigenen Entscheidungen umgehen. Wenn man sich also zu solchen Inkarnationen entscheidet und wenn einem bewusst wird, dass man seiner Dualseele begegnet ist, sollte man diese Verpflichtung sehr ernst nehmen. Alles andere erzeugt zusätzlich neues Karma.

Ich vergleiche die Dualseelen auch immer mit einer Walnuss. Beide symbolisieren eine Hälfte. Treffen sie sich nun irgendwann und werden sich der Verantwortung bewusst, wachsen sie praktisch wieder zusammen. Es entsteht eine Einheit. Doch was geschieht? Der Rest der Welt, der sich, wenn auch nur unbewusst, diesen Zustand ebenfalls wünscht, obwohl man sich der Tragweite nicht im Geringsten bewusst ist, platzt vor Eifersucht. Man versucht mit allen Mitteln, diesen Zustand zu verhindern oder zu verändern. Ich nenne sie die "Nussknacker". Mit Beharrlichkeit versuchen sie, die Walnuss zu knacken und sich daran zu bedienen. Gibt eine der beiden Hälften dann tatsächlich nach, kann man sich vorstellen, welche Auswirkung diese Aktion auf den gesamten Plan hat.

Wie verhält es sich nun mit wirklichen, physischen Zwillingen? Wie bereits erwähnt, verstehen wir darunter die sogenannten Zwillingsseelen. Durch meine langjährige Erfahrung kann ich hier auf viel Hintergrundwissen zurückgreifen. Nehmen wir also an, es haben sich irgendwann zwei Seelenanteile getroffen, die sich immer wieder gemeinsam auf den Weg machten. In früheren Zeiten war dieser Umstand im Leben oftmals gravierender als heute. Man gab den Zwillingen ähnlich klingende Namen, man kleidete sie gleich, und man erwartete von ihnen, dass sich ihr Weg harmonisch ähnelte. Das ging bis zu gemeinsamen Hochzeiten usw. Heute weiß man, dass das Zwillingsdasein viel komplizierter sein kann. Gerade meine intensive Arbeit mit Schwangeren im Laufe der Jahre hat mir auch bei Zwillingen gezeigt, dass sie die Mutter oft nur gemeinsam als Vehikel nutzen, um so schnell wie möglich den irdischen Weg zu beschreiten. Sie sehen sich dann wirklich als zwei komplett unabhängige Wesen und wollen auch so behandelt werden. Dennoch gibt es auch den anderen Fall, dass die beiden einiges miteinander zu erledigen haben. Logisch betrachtet müssen wir davon ausgehen, dass beide wahrscheinlich schon einmal über unterschiedliche Seelenstrahlen verfügen. Ob Zwilling oder nicht, bis zur Geburt sieht sich jedes Wesen energetisch als androgyn an.

So ist es mir zum Beispiel passiert, dass sich Zwillinge im Gespräch mit der Mutter durch mich als Pärchen vorstellten. Eins der Kinder, das sich als männlich empfand, erklärte sehr deutlich, dass es sich als Beschützer der Schwester sah und auf der anderen Seite gleichzeitig den stärkeren Kontakt zur bereits lebenden älteren Schwester suchte. Es gab ansonsten auch sehr viele Hinweise auf eine männliche Energie. Als die beiden dann geboren wurden, waren es zwei Mädchen. Heute, nach einigen Jahren, hat sich bereits vieles bewahrheitet. Das Mädchen, das sich als männlich empfand, besitzt auch einen solchen Charakter. Das bedeutet, bis zur irdischen Geburt ist uns unser Geschlecht nicht so wichtig. Wir fühlen nur unsere Energie. Was wir später darstellen, ist eine andere Geschichte.

Was sehr häufig vorkommt, aber nur selten entdeckt wird, ist die Tatsache, dass sich Zwillinge gemeinsam über die Zeugung auf den Weg machen, der sich dann jedoch gravierend verändert. Obwohl die geistige Führung warnt, spielt der illusionäre freie Wille alle Asse aus. Man entscheidet sich trotzdem, zusammen zu inkarnieren. Was dann jedoch schon in den ersten Wochen geschehen kann, zieht gehörige Folgen nach sich. Urplötzlich beansprucht einer der beiden zu viel Raum. Die Mutter spürt, dass sie schwanger ist, und hat große Ängste. Sie denkt nach, ob das überhaupt Sinn macht. Vielleicht ist sie nicht ganz gesund, und der Arzt hat seine

Bedenken. Die Familiensituation gestaltet sich so, dass, wenn überhaupt, nur für einen gesorgt werden kann. Die nächste Variante wäre die, dass sich einer der beiden alles doch anders überlegt. Das Problem, das sich stellt, liegt darin, dass beide bereits vorhanden sind und dass sich keiner mehr in Luft auflösen kann. Die schnellste Lösung ist die einer Fehlgeburt, die jedoch nur dann zum Tragen kommen kann, wenn die betreffende Seele diese Erfahrung machen muss oder darf. Ansonsten würde neues Karma entstehen. Dies ist auch im Rahmen einer Abtreibung so. Besteht diese Möglichkeit nicht, entsteht eine kleine Debatte. Beide müssen sich darüber klar werden, wie der Weg weitergehen soll. Dann geschieht es oft, dass man beschließt, dass einer der beiden in den anderen hineinwächst. Möglich ist dies bis zu einem bestimmten Moment der Schwangerschaft. Wissenschaftlich ist dies bereits lange erwiesen. Man hat oft genug Reste eines Zwillings in späteren Jahren entfernt. Das ist jedoch die physische Variante. Wir müssen uns das Ganze auf der ätherischen, emotionalen und mentalen Ebene anschauen, gefolgt von der Ebene der Persönlichkeit.

Wir können sagen, der inkarnierende Zwilling besteht auf diesen Ebenen aus zwei Teilen. Man kann das sehr schön an zwei verschiedenen Körperhälften ablesen. Manchmal ist das ganz gravierend. Emotional und mental stellt sich der Umstand auch dar, nicht zuletzt über das Auftreten der Persönlichkeit. Auf der Seelenebene wird dieser Mensch von seinem Zwilling ständig unterstützt. Leben muss er praktisch für zwei. Ich habe festgestellt, dass sich dieser Entschluss sehr oft aufgrund karmischer Ursachen ergibt. Es kann sein, dass die beiden in früheren Leben sehr unterschiedlich waren. Der eine war sehr draufgängerisch, der andere hielt sich sehr im Hintergrund oder trug für den Zwilling vieles aus. Dann entscheiden sie später sehr gerne, dass der Teil inkarniert, der die Selbstständigkeit und den Mut entwickeln muss. Jedenfalls ist es für solche Menschen meist jahrelang ein Problem, sich zu leben. Sie fühlen zwei Seelen in ihrer Brust. Manchmal fühlen sie sich ganz normal, und dann möchten sie wieder etwas total Verrücktes anstellen, aber es passt nun gar nicht in ihr Leben. Auch Partner leiden später sehr oft unter ihrem Wankelmut. Nicht selten suchen diese

Menschen ihr Leben lang nach ihrem Pendant, obwohl sie viele Geschwister haben. Sie fühlen sich
unfertig, nur halb. Wichtig ist, wenn man diese
ganzen Hintergründe erkannt hat, dass diese Menschen lernen, ihren irdisch nicht vorhandenen
Zwilling zu erkennen und seine geistige Unterstützung
zu nutzen. Sie dürfen lernen, das Potenzial von
beiden auszuleben. Häufig geht es dabei auch um
den Ausgleich der männlichen und weiblichen
Energie. Ich habe oft miterlebt, wie positiv diese
Erkenntnis wirken kann. Selbst wenn der Zwilling
gleichgeschlechtlich gewesen wäre, kann sein
Potenzial von großem Nutzen sein.

Eine andere Variante, die häufig bei real vorhandenen Zwillingen zu beobachten ist, besteht
darin, dass beide sich vornahmen, sich in diesem
Leben endgültig loszulassen. Das bedeutet, sie
möchten nie wieder zusammen inkarnieren, müssen
jedoch karmisch gesehen viel dafür tun. Sehr oft
kommt es dann im wirklichen Leben zu einer Trennung, die sich entweder darin zeigt, dass man sich
räumlich stark voneinander entfernt oder dass die
Interessen und Lebensgewohnheiten sehr stark voneinander abweichen. Ich habe erlebt, dass gerade

räumliche Trennungen bei einem der beiden sehr schmerzten. Meistens versucht einer der beiden festzuhalten.

Was man niemals zulassen sollte, ist eine Trennung von Zwillingen nach der Geburt. Auch das habe ich miterlebt. Ich sah bei einer Klientin, dass man sie nach der Geburt von ihrer Zwillingsschwester getrennt hatte. Niemand hatte ihr das jemals erzählt. Sofort wurden ihr viele Strukturen in ihrem Leben klar. Sie machte sich auf die Suche und fand tatsächlich ihre Zwillingsschwester. Für sie war der weitere Verlauf nicht leicht, denn sie hatte sich spirituell mit vielen Dingen befasst, was ihre Schwester nicht getan hatte. Sie konnte sie nicht mehr erreichen. Das tat sehr weh, aber im Nachhinein konnten wir es so beschließen, dass sie loslassen konnte. Vieles hatte sich für sie beruhigt und gelöst. Unter Umständen hätten beide sonst später nochmals gemeinsam den Weg antreten müssen. Ich weiß aus Erzählungen älterer Menschen, dass man solche Entscheidungen früher oft traf, gerade in Kriegszeiten oder in kinderreichen Familien. Man teilte sich die Kinder in den Familien, und mehr als einmal mussten sich Zwillinge so trennen. Das kann nicht der Sinn der Sache sein.

Wir müssen immer versuchen, den Dingen so ihren Lauf zu lassen, wie sie von den inkarnierenden Wesen geplant wurden. Das mag manchmal verzwickt und schwierig erscheinen, aber wir haben nicht das Recht, uns einzumischen.

WIE WIR
WAHRGENOMMEN WERDEN
UND WIE WIR WAHRNEHMEN

Bevor wir überhaupt in physische Erscheinung treten, werden wir bereits wahrgenommen. Nun werden Sie fragen, wie man uns denn überhaupt vorher sehen kann? Das erfolgt auf unterschiedliche Weisen. In der Regel ergeben sich Gespräche und Gefühle der Eltern. Kinderwünsche tauchen auf, und man plant die Familie. Es ist plötzlich Thema. Manchmal drängen wir auch einfach in die Familie und sind plötzlich da. Doch meistens klopfen wir erst einmal höflich an. Wir machen uns bemerkbar, wenn für uns die Zeit gekommen ist, uns auf einen neuen Weg zu machen. Kommt es dann zur Schwangerschaft, ist der Weg geebnet.

In meiner energetischen Arbeit kann ich die noch zur Inkarnation anstehenden Seelen genau erkennen. Sie befinden sich sowohl in der Aura der Mutter als auch in der des Vaters. Das hat Gründe. Der Seelenanteil, der sich verkörpert, hat ja einen karmischen Bezug. Das heißt, in der Regel tendiert er entweder stärker zur Mutter oder zum Vater, manchmal auch zu beiden. Dort in der Aura zeigt sich der Anteil. Später kann man auch genau nachvollziehen, wo der Schwerpunkt gesetzt wurde. Die meisten von uns können das bei sich selbst gut nachvollziehen. Oft sagt man zwar, die Söhne tendieren zur Mutter und die Töchter zum Vater, aber das stimmt nicht immer.

Ich kann auch genau erkennen, ob sich die Anteile noch Zeit lassen möchten mit der Inkarnation oder ob sie sozusagen schon in den Startlöchern stehen. Es ist mir auch schon passiert, dass sie von einem zum anderen gewandert sind, um mir immer wieder den Hinweis zu geben, die Eltern doch auf sie aufmerksam zu machen.

Ist die Aura von Vater und Mutter leer, können wir sagen, der Plan ist entweder erfüllt in puncto Elternschaft, oder sie steht in diesem Leben vom Plan her nicht an. Das ist für die Menschen oft schwer zu verstehen, wenn sie doch Kinderwünsche hegen. Da kann man dann mit Engelszungen reden. Es hat keinen Sinn. Es wird alles versucht, sich den Wunsch zu erfüllen. Die Methoden sind uns ja bekannt.

Gleichzeitig kann es aber auch passieren, dass nichts in der Aura zu sehen ist, und es kommt doch zur Elternschaft. Wie kann es dazu kommen? Einmal kann es ja sein, dass in der Aura der Mutter oder des Vaters nichts zu sehen ist, aber beim Partner sind eine oder mehrere Seelen verewigt. Dann ist klar, dass es dazu kommen muss. Die Seele sucht sich den Weg. Ist jedoch bei beiden nichts zu sehen, oder werden gezielte Maßnahmen in die Wege geleitet, vollzieht sich sozusagen die Leihmutterschaft und die Leihvaterschaft. Wir haben diesen Zustand seit Menschengedenken. Bereits in Atlantis hat man durch Manipulation dafür den Grundstein gelegt. Irdische Zeugung vollzieht sich. Der Plan mag anders aussehen. Es kann durchaus sein, dass in der Familie Seelen nicht mehr zugelassen werden. Die Gründe sind vielseitig. Kommt es dann irgendwo in der weiteren Verwandtschaft zur Zeugung, suchen sich die Seelen so den Zugang zur Familie. Oft endet das später im Fiasko. Ich habe Klienten erlebt, die mir bestätigt haben, dass sie als kleines Kind ständig die Nähe des Onkels oder der Tante suchten und sich bei ihren Eltern eigentlich nicht wohl fühlten. Ich habe eine Klientin erlebt, die als Jugendliche im Rahmen eines Aupair-Aufenthaltes nach Amerika ging und dort in eine Gastfamilie kam, von der sie nicht mehr loskam. Die Eltern hier waren entsetzt, als sie loslassen mussten. Man beschuldigte damals die Tochter der Undankbarkeit. Doch die erste Frau ihres Gastvaters konnte keine Kinder bekommen. Er nahm das Mädchen auf wie eine Tochter und ermöglichte ihr eine unglaubliche Karriere. Sie lebt noch heute dort.

Wir müssen lernen, dass wir uns alle gegenseitig nur dienen. So durfte ich auch miterleben, dass ich bei einer Klientin keine Kinder in der Aura sehen konnte, sie wünschte sich aber welche. Jahrelang blieb ihr Wunsch unerfüllt. In der Aura ihres Mannes sah ich eine Seele. Seine frühere Frau hatte diese Seele abgetrieben, und er bestätigte mir diese Tatsache. Als er wusste, dass sich die Seele bei ihm befand, war er sehr erleichtert. Einige Wochen später war seine Frau schwanger. Beide konnten nun aber verstehen, welcher Umstand nun doch nur Elternschaft führte. Die Seele des Kindes war dafür sehr dankbar.

Oft ist es für Menschen mit Kinderwunsch oder auch für Menschen, die Kinder ablehnen, sehr schwierig, den Zustand der Aura zu akzeptieren. Mehr als einmal erkenne ich, dass noch Seelen warten, um ihren Weg anzutreten, aber die Mutter oder auch der Vater lehnt kategorisch ab. Sie haben das Recht dazu. Niemand darf ihren freien Willen verletzen. Dann bitte ich diese Menschen allerdings, die Seelen loszulassen. Das sollte man sich jedoch reiflich überlegen. Geistig wird dann eine Konferenz gestartet, in der entschieden wird, welchen Weg die Seele stattdessen wählt. So bekommt alles eine neue Ordnung. Mehr als einmal habe ich Jahre später eine Frau wiedergesehen, bei der sich die Energie der Seele zu einer goldenen Kugel umgeformt hatte. Diese Frauen haben sich dann eines Tages dazu entschieden, eine neue zusätzliche Aufgabe zu übernehmen. Sie hatten sich entschieden, so für die Seele mitzuarbeiten und zu leben. All das muss jedoch im Geistigen abgesprochen und genehmigt werden. Niemand im Irdischen kann das einfach bestimmen.

Ich durfte auf dieser Ebene im Laufe der Jahre wunderbare Erfahrungen sammeln. So auch zum Beispiel, als eine ältere Dame auftauchte, die für mich wie schwanger wirkte. Ich konnte sehen, dass sie vor vielen Jahren ein Kind verloren hatte, was sie mir auch bestätigte. Im Laufe der Sitzung erfuhr ich, dass ihre Tochter schwanger war und dass sie deren Zustand miterlebte. So hatte ich meine Bestätigung. Ich erklärte ihr, dass es das Kind sei, das sie verloren hatte. Zunächst sah sie mich sehr seltsam an, sagte aber nichts dazu. Es folgten schwierige Monate. Auch die Geburt verlief so, wie ich es ihr vorausgesagt hatte, und sie konnte eine schwierige Situation während der Geburt so gut meistern. Das Kind wuchs auf. Es wurde von ihr aufgrund ihres Hintergrundwissens sehr intensiv betreut. Doch eines Tages rief sie mich völlig entgeistert an und schilderte mir ihre Geburtstagsfeier. Die Enkelin war gerade in dem Alter, in dem sie klare Zusammenhänge erklären konnte. Alle saßen an der Kaffeetafel, die Kleine spielte vor sich hin. Plötzlich stand sie vor meiner Klientin und tippte ihr auf den Bauch mit den Worten: "Oma, nur damit du es weißt, da war ich schon mal drin."

Man kann sich in etwa vorstellen, wie der Rest der Versammlung in die Gegend schaute. Für sie war es der Beweis, dass alles richtig war. Von da an wurde das Verhältnis noch enger, und später gab es noch andere Beweise.

Ich habe dadurch gelernt, dass sich alles so vollzieht, wie es sein darf und soll, wenn wir es nur zulassen. Wichtig ist, dass wir im Falle der Erkenntnis begreifen, was Toleranz wirklich bedeutet. Im Universum ist nichts unmöglich. Lediglich unser Gehirn will manche Dinge nicht wahrhaben. Wenn wir offen sind und alles zulassen, geschehen wirklich Wunder – die wir uns aber erklären können.

Wie erhalten wir unsere Namen?

Wir geben an unsere Eltern klare Impulse. Wenn ich früher mit Schwangeren gearbeitet habe, gaben die Kinder Namensvorschläge für beide Geschlechter, da sie sich ja als androgyn empfanden. Sehr oft waren diese Namen sehr altmodisch. Das ist normal, denn sie verbanden damit karmische Hintergründe.

Mehr als einmal musste ich später erleben, dass auf diese Wünsche nicht eingegangen wurde. Das Ego von Mama und Papa traf seine Entscheidungen. Ich fand das sehr schade, denn man hätte dem Kind damit einen Gefallen getan. Mir selbst ist es passiert, dass mein Vater zum Standesamt marschierte und mit einem ganz anderen Vornamen als vorgesehen nach Hause zurückkehrte. Bis zu seinem Tod konnte er mir nicht erklären, welche Maus ihn da gebissen hatte. Es war so, wie es war. Ich hieß jetzt einfach anders.

Eine seltsame Mode ist es auch, mehrere Vornamen hintereinanderzustellen. Da ist die Auswahl umfangreich. Sie reicht vom Opa, von der Oma bis zu den Paten, nicht zu vergessen die Heiligen. Nach dem Krieg verteilte man ohne nachzudenken die Namen gefallener Soldaten. Doch wir müssen wissen, dass wir über unseren Vornamen identifiziert werden. Das sind wir. Jegliches Anhängsel beauftragt uns, diesen Personen bei der Bewältigung ihres Karmas zu helfen. Möchten Sie ungefragt Kriegskarma abtragen? Bedankt, wie der Holländer sagt. Es ist nicht zu fassen, was zum Teil veranstaltet wurde und wird. Wir sind daneben auch keine Heiligen.

Abkürzungen und Verniedlichungen sollten wir ebenfalls tunlichst vermeiden, da dieser Mensch immer daran gehindert wird, erwachsen zu werden und seinen Weg in voller Verantwortung zu gehen. Genauso schlimm ist es, die Vornamen zu vertauschen. Identifikationskrisen sind später die Folgen. Die Menschen müssen sich vollständig umpolen und neu darstellen.

Ich habe sogar Menschen kennen gelernt, die sich als Erwachsene einfach selbst neue Namen gaben. Das wurde genehmigt, seltsamerweise, denn bisher hat es niemand geschafft, auf dem Amt eingetragene Vornamen löschen zu lassen. Deutsche Wertarbeit, einmal Stempel – immer Stempel. Aber den Namen völlig zu verändern, das war möglich.

Einer meiner Klienten hatte unglaubliche Probleme mit seinem zweiten Vornamen. Seine Mutter gab ihm den Namen seines Erzeugers, der ihn aber bereits vor der Geburt ablehnte. Versuche, Kontakt aufzunehmen, scheiterten kontinuierlich. Als erwachsener Mann war er beziehungsunfähig, weil jede Frau von ihm Kinder wollte, er aber nicht. Unter dieser Misere litt dieser Mann entsetzlich. Ich riet ihm, den Vornamen seines "Vaters" löschen zu lassen, um sich neu zu finden. Kein Mensch war dazu bereit. Er war verzweifelt. Ich gab ihm dann den Rat, sich geistig vom Vater zu verabschieden, einen Brief zu schreiben, diesen mit seinem zweiten Vornamen zu verbrennen und dann zu schauen, was passiert. Er hat das Ritual durchgeführt und wurde etwa ein Jahr später stolzer Vater. Daran sieht man, wie schwerwiegend Namen sein können. Sie steuern unser Leben.

Der Nachname hat es erst recht in sich. Er ist die Identifikation im Außen. So treten wir auf, und so präsentiert sich der Clan, zu dem wir gehören. Von und zu sagt ja schon alles. Das bedeutet, so wie wir geboren werden, helfen wir unserem Clan, sein Karma zu bewältigen. Dies sowohl innerhalb der Familie als auch in der Gruppe, im Land und in der Masse. Ein Clan ist immer an einem Kollektivkarma beteiligt. Wir kämpfen also von der ersten Minute an in einer Horde von Kriegern. Das ist alles so lange gut, bis wir uns entscheiden, auch noch in einem oder sogar mehreren Clans mitzumischen. Frauen können es nicht lassen, auf mehreren Hochzeiten zu tanzen. Männer sind da schlauer und egoistischer. Was passiert? Gemäß der einstigen Erfindung der Kirche ordnen sich die meisten Frauen bei der Eheschließung einem neuen Clan unter. Bis dass der Tod sie scheide. Dabei vergessen sie total, dass ihr Mädchenname bleibt, also auch die karmische Verpflichtung gegenüber ihrer Familie. Der Spagat ist manchmal unerträglich. Da spielt es auch keine Rolle, ob man einen Doppelnamen wählt. Die neue Familie stellt auch ihre Forderungen. Dann kommt es vor, dass diese Ehe nicht von Dauer ist. Es sind Kinder daraus hervorgegangen. Die Scheidung erfolgt, und was geschieht? Frau behält schön den Namen des Mannes, meist der Kinder wegen. Mann erhält die energetische Pipeline. Frau verliert dann den Boden unter den Füßen, wenn sie ständig in den alten Problemen verhaftet bleibt und neue Partner in ihr nur die Geliebte sehen. Was weitere Folgen sind, wissen Sie selbst vielleicht am besten.

Namen sind Energie. Deshalb ist es so wichtig, sich genau zu überlegen, was man eigentlich will. Eine Partnerschaft entsteht immer aus karmischen Gründen. Das reicht vollkommen aus. Wir müssen uns nicht unnötig mit anderen identifizieren, um ihnen aus der Patsche zu helfen. Und sollten wir es doch getan haben, dann ist es wichtig, sich, wenn die Zeit gekommen ist, vollständig daraus zu lösen und zu verabschieden. Das hat nichts mit Härte oder Egoismus zu tun. Es ist lediglich der konstruktive Umgang mit unserer eigenen Lebensenergie. Oft bleiben Frauen auch gerne in dem überholten Ehenamen, um zu klammern und versorgt zu sein. Das hat keinen Sinn. Es ist eine reine Scheinwelt. Das Leben muss weitergehen, und neue Herausforderungen sollen angenommen werden. Wenn wir nicht loslassen, kann nichts Neues erfolgreich in unser Leben treten. Es könnte doch etwas viel Besseres kommen. Wenn wir nicht offen sind und ständig am Alten festhalten, behindern wir uns jedoch nur selbst. Auch die Raupe kann nur zum Schmetterling werden, wenn sie die alte Hülle komplett abwirft. Eine vollendete Ehe ist eine abgeschlossene Präzipitation. Nur durch das Loslassen können wir neuen Zielen entgegengehen. Das gilt auch für Männer. Achten Sie darauf, dass jeder bei einer Scheidung in seine Ebene zurückkehrt. So wird jeder wieder frei. Wäre es nie zu diesem Clandenken gekommen, würden wir ganz anders damit umgehen.

Ich habe sogar erlebt, dass man den geschiedenen Namen bei einer neuen Eheschließung zum neuen Namen als Doppelnamen genommen hat. Vom Mädchennamen weit und breit keine Spur mehr. Dann wundern sich die Menschen, wenn sie von einer Problematik in die nächste stürzen und aus keiner mehr herauskommen. Wie soll sich so eine gezielte Lebensaufgabe erfüllen? Das Leben wird zur einzigen Identitätskrise. – Wir sollten versuchen, so authentisch wie möglich zu sein, sowohl in unseren Namen als auch in unserem Tun.

Unsere Reise durchs Leben
im Sinne unseres Plans

Seit vielen Jahren kommen die Menschen vertrauensvoll zu mir, um mehr über ihren Lebensplan, ihre Blockaden und ihr Potenzial zu erfahren. Ich kann hier nur eine kleine Hilfestellung geben, denn wir alle müssen unser Leben selbst in die Hand nehmen. Niemand, auch ich nicht, kann die Weichen stellen. Das können wir nur für uns alleine tun.

Alles, was ich bis jetzt beschrieben habe, ist mit die Grundlage meiner Arbeit mit den Klienten, sowohl in den Einzelsitzungen als auch in den Seminaren. Zuerst muss ich meinen Klienten sehen und verstehen. Es ist wichtig, dass die Menschen erkennen, wer sie sind. Wirklich spirituell zu sein und zu arbeiten, setzt ein hohes Maß an Eigendynamik voraus. Es macht wenig Sinn, jemandem zu sagen, dass er von einem bestimmten Aufgestiegenen

Meister geführt wird, wenn er nicht versteht, warum das so ist. Der Mensch muss sich zunächst von seinem Ursprung her selbst verstehen und logisch einschätzen können. Nur dann sind ihm auch die Blockaden vollkommen verständlich. Karma entsteht aus logischen Gründen. Es ist mit unserem Energiepotenzial verknüpft. Meine Klienten brauchen oft eine ganze Zeit des Wachstums, um zu verstehen, dass ihre Probleme zwar hausgemacht, aber dennoch vollkommen normal sind. Das kann manchmal Jahre dauern. Man muss ihnen Zeit geben und Geduld mitbringen. Selbst ihre Talente und ihr immenses Potenzial können manchmal noch Jahre schlummern, bis alles optimal genutzt werden kann. Die Meister, die uns auf diesem Weg zur Seite stehen, beweisen dabei alle Geduld des Universums. Sie würden niemals drängen, bestrafen oder im Stich lassen.

Ich habe im Laufe der vielen Jahre Klienten nach der ersten Einzelsitzung völlig ratlos und von sich selbst enttäuscht gehen sehen. Es hat auch bei mir Jahre gedauert, bis ich die Sicherheit entwickeln konnte, dass sich alles beweist, auch wenn es lange dauert. Manchmal hörte ich mehrere Jahre nichts von einem Menschen. Eines Tages dann meldete er sich und erklärte mir, dass er jetzt erst alles verstanden hätte. Hierzu gibt es ja den schönen Spruch: "Man muss das Leben vorwärts leben und rückwärts verstehen." – Es ist tatsächlich so, auch wenn wir es gerne anders hätten. Wer sich mit mir gemeinsam auf die intensive Arbeit mit den Meistern einlassen möchte, bekommt sehr schnell die Beweise für deren Existenz. Allerdings muss man auch bereit sein, die Dinge des Lebens selbst in die Hand zu nehmen. Meine Möglichkeiten der Zusammenarbeit mit den Menschen sind begrenzt. Ich darf niemals eine Abhängigkeit schaffen, wir müssen sehr schnell loslassen. Wer in der geistigen Führung lebt und arbeitet, braucht in diesem Sinne jedoch ohnehin keine irdische Hilfe, von karmischen Gegebenheiten abgesehen.

Die Strahlenanalyse ist ein großer Bestandteil meiner Arbeit. Das ist sehr aufwendig und braucht sehr viel Kraft. Die Menschen müssen persönlich zu mir kommen, denn so etwas geht nicht über die Ferne. Feinste Abstufungen und Nuancen in der Aura, die mir von den Meistern gezeigt wird, ergeben völlig unterschiedliche Konstellationen.

Über diese Ebene werden die Menschen dann an ihre geistige Führung herangeführt, und es kommt oft zum ersten stabilen Kontakt sowie zur erfolgreichen Konversation. Hier bilde ich zunächst die Brücke. Ich habe mir angewöhnt, das Wort "Kanal" nicht mehr zu verwenden. Im Laufe der Jahre sind die sogenannten "Channels" wie die Pilze aus dem Boden geschossen. So habe ich nie gearbeitet, und deshalb sehe ich mich als Begleiterin auf dem Weg zu einer gelebten Spiritualität, die nichts mit der heute inszenierten Esoterik zu tun hat. Die Lehre der Strahlen und der Aufgestiegenen Meister setzte schon immer einen Einweihungsweg des Individuums voraus, und das wird sich niemals ändern. Jeder muss diesen Weg selbst beschreiten. Man kann hier nur Hilfestellung geben und dann loslassen. Den Rest erledigen die Meister von selbst. All das braucht seine Zeit. Man kann sich dieses Verständnis nicht erkaufen. Auch der Konsum von Seminaren, Büchern und Beratungen kann hier nicht hilfreich sein. Im Gegenteil, all das führt nur zu mehr Verwirrung. Wir müssen einfach begreifen, dass wir uns im Vorfeld einen Lebensplan geschaffen haben. Diesen Plan müssen wir managen, und dabei sind unsere geistigen Helfer die besten Wegbegleiter. Wir alle sitzen in einem Boot. Mag sein, dass der eine schneller rudert als der andere, aber das Ziel ist immer gleich.

Alle Strahlen werden von Aufgestiegenen Meistern gelenkt, gleichzeitig arbeiten jedoch noch viele weitere Meister auf den Strahlen. Hier kommt es allerdings immer wieder zu Veränderungen, wie in irdischen Unternehmen auch. Hierzu ein Beispiel: Im Jahre 1956 gab es einen Wechsel in der Strahlenlenkung auf dem goldgelben und rubinroten Strahl. Kuthumi übergab Konfuzius die Lenkung des goldgelben Strahles, und Jesus übertrug Lady Nada den rubinroten Strahl. All diese Wechsel haben jedoch keinen Einfluss auf unsere geistige Führung. Kuthumi übernahm damals die Lenkung des goldenen Strahles, Jesus lenkt seitdem den magentafarbenen Strahl. Dennoch bleiben diese Meister mit dem ursprünglichen Strahl verbunden. Das bedeutet, dass zum Beispiel ein Schüler von Kuthumi immer noch auf dem zweiten, goldgelben Strahl inkarniert. Wir werden als inkarnierte Persönlichkeiten von einem Meister unseres Seelenstrahles geführt. Das muss nicht unbedingt der Lenker oder die

Lenkerin des Strahles sein. Ich erkenne in meiner Arbeit ganz exakt, wer sich vor Urzeiten an die Seite meines Klienten gesellte. Da gibt es keine Änderung. Ich habe im Laufe der Zeit die tollsten Versionen gehört. Angeblich sollten sich die Seelenstrahlen und die Begleiter ändern, je mehr der Mensch sich dem Aufstieg nähert. Ich frage mich, weshalb das so sein sollte? Wir müssen aufhören, das Geistige zu bewerten. Dort ziehen alle an einem Strang. Wir haben uns über viele Zeitalter hin eine energetische Ausstrahlung erarbeitet. Das ist ein Prädikat, das einem Wein gleicht, der immer edler wird. Weshalb sollten wir das eintauschen? Das kann nur Menschen einfallen, die nach ständiger Abwechslung Ausschau halten. Wir sind wie eine uralte Münze, die vielleicht Patina angesetzt hat, aber trotzdem ihren Wert behalten hat.

Dazu kommt, dass wir die Schwingung und Energie unserer Führung gewohnt sind. Es ist so viel leichter, den Impulsen und Hinweisen zu folgen. Sensibelste Antennen sind über Jahrtausende geschult worden. Wir gehören nun einmal seit langer Zeit in eine Abteilung im Geistigen. Von dort erhalten wir unsere Aufträge. So arbeiten wir mit allen dort zusammen, um unseren Lebensplan optimal zu erfüllen. Die Sprache unseres Abteilungsleiters, wie ich die Meister immer nenne, ist uns absolut vertraut. Jeder der Aufgestiegenen Meister hat seine Art, sich auszudrücken und energetisch zu arbeiten. Das lernt man erst über viele Jahre hin zu unterscheiden. Sie haben ihre eigene Art, sich vorzustellen, uns zu berühren und in ihre Liebe einzuhüllen. Genauso haben sie auch ihre Art, uns klarzumachen, dass wir eventuell Gefahr laufen, aus dem Rahmen zu fallen – Kritik ist genauso an der Tagesordnung wie Lob und Belohnung. Es liegt an uns, wie intensiv wir mit ihnen kommunizieren. Wir bestimmen das Maß an konstruktiver Zusammenarbeit. Dazu gehört aber auch gelegentlich der dezente Hinweis, dass wir nicht mehr ganz der Richtung folgen. Es gibt Meister, die sehr sanft und dafür häufiger ermahnen. Andere, El Morya zum Beispiel, äußern sich ein einziges Mal zu bestimmten Themen. So lernt man, klare Anweisungen aufzunehmen und umzusetzen. Im Laufe der Zeit konnte ich jedoch feststellen, dass alle zur rechten Zeit die richtigen Worte, auch die der liebevollen Kritik, finden. Wir wollen ja schließlich alle ans Ziel gelangen. Trotz allem ist diese Sprache sehr gewählt, oftmals in einer sehr alten Ausdrucksweise, manchmal sehr vornehm, sehr genau in der Wortwahl und explizit auf den Gesprächspartner abgestimmt. Sie werden niemals erleben, dass sich ein Aufgestiegener Meister auf unsere Umgangssprache herablässt. Saloppe Schimpfwörter und ungenaue Ausführungen fehlen in ihrem Vokabular. Zwar besitzen sie einen gediegenen und feinen Humor, aber profane Erheiterungen konnte ich noch nicht miterleben. Das alles sind Merkmale, die uns zeigen, ob wir wirklich in der richtigen Verbindung sind.

In meinen Seminaren trainiere ich mit den Menschen auch das Aufnehmen und Umsetzen der Impulse. Die Sprache der Meister beschränkt sich im direkten Umgang mit uns rein auf den Impuls. Wir sind ständig aufgefordert, achtsam zu sein und "hinzuhören". Viele Menschen sind manchmal sehr verzweifelt, weil sie nichts "hören". Deshalb suchen sie dann den schnellen Weg über die "Kanäle". Das ist nicht dasselbe. Mein Ziel in der Arbeit mit den Menschen ist es, sie in die Lage zu versetzen, ihre Botschaften und Impulse selbst aufzunehmen. Das ist eine sehr mühsame Arbeit, gerade wenn man mit Gruppen von Menschen arbeitet, denn jeder befindet sich auf einem anderen Stand seiner Entwicklung. In der Einzelarbeit ist es etwas leichter, denn dort gehen wir in die direkte Verbindung mit dem eigenen Führer. Die Menschen lernen ihn oder sie durch mich kennen, um sich dann optimal für die eigene Kommunikation zu öffnen. Wir wenden dafür sehr viel Zeit auf, doch nur so kommen wir zum Erfolg. In Gruppen kann es dann aber vorkommen, dass man lernen darf, sich auch mit anderen Energien auszutauschen, um ihre Hilfe gewinnbringend einzusetzen. Dabei muss man lernen, die eigene Wahrnehmung zu schulen und die unterschiedlichen Energieformen einzuordnen. Im täglichen Leben sind wir letztendlich darauf angewiesen, zu jedem beliebigen Zeitpunkt Impulse aus der geistigen Ebene aufzunehmen, gerade wenn es um Lichtarbeit und die Präzipitation geht.

So ist es auch wichtig, sich von dem Gedanken zu lösen, nur durch Meditation und sonstige Übungen in den Kontakt zu kommen. Wir sollen lernen und üben, im ganz alltäglichen Leben in die Kommunikation zu gehen. Das kann sowohl am Arbeitsplatz als auch bei einem Spaziergang erforderlich sein. Die Meditation und andere Arten der geistigen Vertiefung werden dann irgendwann zum Luxusgut, wie ich immer sage. Man gönnt sich diese Momente. Das wahre Leben spielt sich aber in jeder Sekunde unseres Daseins ab, und gerade da sind wir auf die richtigen und rechtzeitigen Impulse angewiesen. El Morya, der mich führt, sagte einmal zu mir: "Du musst in New York auf einer Straßenkreuzung stehen und mich hören. Hinter dir bricht das Chaos aus, vor dir kommt es zu einer Katastrophe, und du hörst genau meine Anweisungen. Dann bist du in der Verbindung." Damit hat er ja nicht Unrecht. Wir können ja nicht immer zuerst nach Hause zum Meditieren gehen, um zu wissen, wie wir reagieren müssen.

Wenn man diese Form der geistigen Kommunikation richtig verstanden hat, reduziert sich das Ganze auf vollkommen unspektakuläre Grundlagen. Die Aufnahme der Impulse und exakten Hinweise erfolgt so, als würden wir uns mit unserem Meister ganz normal unterhalten. Hierzu eine einfache Begebenheit, die mir selbst passierte: Ich saß in Carcassonne in Südfrankreich in einer alten Kirche vor dem Standbild von Jeanne d'Arc und meditierte mit Rowena. Mir war klar, ich kannte diese Stadt, denn etwas in mir erzeugte Unbehagen, ein deutlicher Hinweis auf ein karmisches Muster. Plötzlich vernahm ich innerlich die Stimme von El Morya, die zu mir sagte: "Du verlässt jetzt diese Kirche, wendest dich nach rechts und gehst die Straße hinunter. Dort triffst du auf einen alten Brunnen. Dann verfahre weiter." Ich selbst wäre nie auf die Idee gekommen, doch der Weg führte wirklich zu einem Brunnen. Dort angekommen konnte ich sehr viele Bilder sehen und vieles für mich auflösen. Das Geschehene bestätigte sich mir später sogar in einer Buchhandlung durch mittelalterliche Bilder der Stadt.

Wir müssen diese Form der Verständigung trainieren, denn gerade in unserer Gesellschaft ist uns das gehörig abhanden gekommen. Niemand hat uns dazu erzogen. Ich sage immer wieder, dass das gesamte Wissen über unsere Energie und die erforderliche Kommunikation fester Bestandteil unserer Bildung werden muss. Wir sollten neben dem Schulfach Biologie das Fach Energie integrieren. Es würde keinem Kind schaden, ab und zu auch in der Gemeinschaft zu meditieren. All das würde uns im Erwachsenenalter viel Arbeit ersparen. Die Worte Toleranz und Verständnis würden von selbst geübt. Der Einsatz der Energiestrahlen könnte selbstverständlich vonstattengehen. Doch solange man diese Energie nicht röntgen und im Blut testen kann, ist sie einfach nicht existent. Ich sage immer, das ist gut so, denn wie schnell hätten wir Pillen und andere Maßnahmen, die die Qualität der Ebenen im Nu verändern würden. Das rein Esoterische wird sich immer nur durch das wahre Verständnis beweisen.

Doch es geht nicht nur um die Wahrnehmung von Impulsen, sondern auch um deren Umsetzung. Hier scheiden sich dann oft die Geister. Wie oft erzählen mir die Menschen, dass sie zwar etwas wahrnehmen, dann aber nicht wissen, ob das wirklich Impulse ihrer Führung sind. Solange sie nicht sicher sind, setzen sie auch nichts um. Das führt dann dazu, dass im Grunde genommen nichts geschieht. Es gibt hier eine ganz einfache Regel, die ich immer empfehle. Am besten legt man sich in jeden Raum, auch am Arbeitsplatz, einen Notizblock mit Stift parat. Sobald ein Gedanke oder Impuls auftaucht, notiert man ihn. Die Ausführung ist dann die individuelle Herausforderung. Zumindest kann man so im Nachhinein überprüfen, was man nicht erledigt hat. Der Mensch besitzt eine gewisse Neigung, sich immer wieder vor Augen zu führen, was er sich hätte ersparen können, wäre er einem Impuls gefolgt. In der Regel wird das Leben dadurch leichter. Es kann uns doch im Grunde genommen nicht viel passieren, wenn wir Impulsen folgen. Falls wir uns geirrt haben, ist es doch kein Beinbruch. Man kann doch alles wieder gerade rücken. Aus reiner Unsicherheit heraus nichts zu tun bringt uns nicht weiter. Je mehr wir unserer Führung zeigen, dass wir bereit sind, auch einmal Risiken einzugehen, umso eher wird man verstärkt auf uns aufmerksam. Die Herausforderungen kommen dann von selbst auf uns zu. Man kann nur zum Versuch ermutigen.

In der gleichen Art und Weise werden wir so auch an unsere tatsächliche Lebensaufgabe geführt. Diese zu beleuchten gehört mit zu meiner Arbeit mit den Menschen. Das Life-Schedule-Management (Lebensfahrplan-Management) beinhaltet nun einmal diese Aufgabe. Alles rankt sich um sie herum. Ich habe schon erwähnt, dass die Meister in der Regel vom vorläufigen weltlichen Beruf sprechen. Dieser kann uns durchaus sehr lange beschäftigen, nicht selten bis zum Rentenalter. Das ist etwas ganz Normales, denn wer in aller Welt soll uns im normalen Leben beizeiten an die wahre Aufgabe heranführen? Wir wachsen auf in unserem Bildungssystem, wir haben uns anzupassen und einen "vernünftigen" Weg einzuschlagen, damit wir ein adäquater Teil unserer Gesellschaft werden. Wie weit wir damit gekommen sind, sehen wir am Zustand der kommenden Generationen. Vorlieben, Hobbys, Talente und verrückte Ideen haben da nur am Rande Platz. Ich erlebe seit Jahren verzweifelte Menschen, die sich durch ihr Leben quälen, nur um allen Anforderungen gerecht zu werden. Diese Aspekte müssen wir nicht näher beleuchten, denn sie sind uns allen hinreichend bekannt. Es kommt sehr selten vor, dass ich jemanden erlebe, der von sich sagen kann, er hat von Anfang an gewusst, was seine Aufgabe ist. Sehr oft kristallisiert sich auch heraus, dass jemand aus karmischen Gründen bestimmte Wege einschlagen musste. Das war auch bei mir selbst der Fall. Deshalb kann ich diese Menschen sehr gut verstehen. Ich selbst habe drei Berufe komplett erlernt, von diversen

Zusatzausbildungen abgesehen. Es ist jedoch für viele Menschen sehr schwer, auch nach zahlreichen Misserfolgen und Enttäuschungen immer noch am Ball zu bleiben und nicht aufzugeben. Das hängt natürlich auch mit den einzelnen Energiestrahlen zusammen. Mancher gibt sehr schnell auf, während ein anderer immer wieder von vorne anfängt.

Es ist nicht einfach, einem Menschen, der sich seit fünfundzwanzig Jahren durchs Leben schlägt, eine Familie gegründet und Kindern das Leben ermöglicht hat, zu sagen, er wäre viel besser in einem ganz anderen Beruf aufgehoben. Die Meister führen uns ganz sanft an diese Themen heran, das ist nicht das Problem, doch für viele Menschen scheinen sich dann unüberwindliche Hürden aufzubauen. Wichtig ist, dass man hier lernt, ganz sachte neuen Impulsen zu folgen und sich vorsichtig an die Dinge heranzutasten. Es geht darum, den Willen zur Veränderung zu zeigen, damit unsere geistigen Helfer uns führen können. Dann kommt es sofort zu Verwandlungen, es folgen neue Begegnungen. Man entdeckt plötzlich eine Möglichkeit, den neuen Weg zu gehen. Mehr als einmal habe ich miterlebt, dass anschließend beispielsweise der

Verlust der Arbeitsstelle oder betriebliche Veränderungen ohne Probleme gemeistert werden konnten, weil die Menschen die neuen Wege erkannten, und daraus erwächst das Bewusstsein, dass wir niemals im Stich gelassen werden. Ich selbst musste durch eine Arbeitslosigkeit gehen, um in meine Aufgabe zu gelangen. Das war nicht leicht, da ich sie nicht selbst verursacht hatte, aber ich kam nach einem gewaltigen Burnout erst in die Lage, in mich zu gehen und den wahren Weg zu erkennen. Ich kann aber sagen, dass ich mich trotz allem immer sicher und geführt fühlte. Man lernt so, dass wirklich alles einem Zeitplan folgt. Ich weiß, hinterher ist man immer schlauer, aber es hat sich herausgestellt, dass es Details gibt, die definitiv einem Zeitfahrplan folgen müssen. Das Wort "Schedule" (englisch: Fahrplan) kennt man gerade dort, wo es auf Genauigkeit ankommt, z. B. in der Fliegerei, im Bahnverkehr usw. Alle notwendigen Arbeiten und Zeiten sind genau festgelegt. Jeder Beteiligte muss sich an diesen Plan halten, damit das gesamte System nicht zusammenbricht. So arbeitet auch unsere geistige Führung mit uns zusammen. Alles wird uns dann nahegebracht, wenn die Zeit dafür da ist. Wir müssen lediglich rechtzeitig die Impulse aufnehmen und umsetzen. Ich weiß, das hört sich fast zu einfach an, aber nur so funktioniert es.

Im Sinne unserer Lebensaufgabe ist es wichtig, dass wir bereit sind, sie anzugehen. Dafür ist es nie zu spät. Ich erlebe viele ältere Menschen, die mit Mut und Elan an die Dinge herangehen. Es mag zwar sein, dass die Aufgabe dann etwas anders angegangen wird als in jungen Jahren, aber das spielt doch keine Rolle. Es geht um unseren Willen, den wir zeigen sollen, damit man uns führen kann.

Es existiert im Sinne unserer Lebensaufgabe und dem Ankommen darin noch ein ganz anderes Phänomen. Wie wir ja nun wissen, steht unsere Lebensaufgabe in direktem Kontakt mit unserem Seelenstrahl und auch mit den Strahlen unseres Egos. Es zeigen sich hier Muster, die wir über viele Jahrtausende kultiviert haben. All das ist sehr verständlich. Doch wie sieht es eigentlich mit unserer Arbeitswelt, den staatlichen und übergeordneten Bereichen aus? Wenn wir sagen können, alles entstammt der gleichen Quelle, dann ist es doch nur logisch zu sagen, auch ein Unternehmen ist Teil einer Präzipitation. Das bedeutet, dass alles, was auch in unserer Arbeitswelt usw. existiert, bestimmten Energiestrukturen unterliegt. Wir können theoretisch und praktisch nachvollziehen, dass ein Unternehmen in seiner Art einem der sieben Strahlen unterstehen muss. Nun kommt es darauf an, wer dieses Unternehmen gegründet hat und wer dort seine Arbeitskraft einbringt. Wir sehen also, welch interessantes Netzwerk sich hier bildet. Weichen die Seelenstrahlen des Unternehmens, des Unternehmers und der Angestellten schon einmal erheblich voneinander ab, und denken wir uns dann noch die unterschiedlichen Egostrahlen dazu, wird es mehr als kompliziert. Ich bin seit Jahren damit beschäftigt, hier ein gewisses Verständnis zu erlangen und zu vermitteln, gerade dann, wenn ich mit Unternehmern arbeite, die in echte Probleme geraten, wenn sie verstehen, dass ihr eigenes Unternehmen unter Umständen in keinster Art und Weise mit ihrem eigenen Seelenstrahl harmoniert. Dennoch lässt sich für alles eine Lösung finden. Es geht mir hier nur darum, ein besseres Verständnis für viele Probleme des alltäglichen Lebens zu schaffen. Wer sich wirklich intensiv mit diesen Themen der Schöpfung auseinandersetzt, begreift nach und nach, was diese unsichtbare und ungreifbare (esoterische) Energiewelt mit uns macht. Je mehr man sich mit der Entschlüsselung beschäftigt, umso erstaunlicher ist es, welche Möglichkeiten sich eröffnen. Deshalb immer wieder mein Vorschlag, diese Lehre von Grund auf in die Bildung der Menschen zu integrieren.

Ein weiteres großes Kapitel auf unserer Reise durchs Leben stellt das Karma dar. Im meinem Buch *Was ihr sät, das erntet ihr* geht El Morya sehr genau auf den Begriff des Karmas ein. Es ist wichtig, dass wir immer wieder versuchen, unsere Missgeschicke, Fehler und Blockaden, aber auch unsere Talente und Fähigkeiten im karmischen Licht der Erkenntnis zu betrachten. Ich finde es sehr traurig, wenn man den Menschen immer wieder erzählt, sie hätten kein Karma mehr zu bewältigen. Ursache und Wirkung bestimmen seit Urzeiten unser Leben. Diese Faktoren sind in unseren Inkarnationen das Salz in der Suppe. Wir brauchen davor keine Angst zu haben. Es gibt grundsätzlich keine Schuld, sondern nur Erfahrungen, die wir nutzen sollten, um vorwärtszukommen.

Stellen Sie sich karmische Muster und Themen ganz einfach wie Textbausteine in einem Textverarbeitungsprogramm vor. Nehmen wir an, Sie bearbeiten am Arbeitsplatz oder zu Hause immer wiederkehrende Vorlagen, Briefe oder Formulare. Dafür legen Sie sich im Programm gewisse Textbausteine ab, die Sie bei Bedarf abrufen und ins aktuelle Formular einfügen können. Das ist eine immense Arbeitserleichterung. Das heißt also, Sie greifen immer wieder auf Bewährtes zurück, um schnell mit dem Thema fertig zu werden. Diese Textbausteine sind in einem speziellen Speicher abgelegt. Genauso ist es mit unserem Karma. Wir haben in unseren feinstofflichen Körpern, also mental, emotional und physisch, sogenannte Karmaspeicher. Dort sind ebenfalls Bausteine, oder nennen wir sie Muster, abgelegt. Immer, wenn wir in unserem Leben an bestimmte Themen herangeführt werden, kommen diese Muster zum Tragen. Sie werden aktiviert und in unser aktuelles Programm eingefügt. Deshalb haben wir so oft das Gefühl, immer wieder mit den gleichen Problemen konfrontiert zu werden. Diese Bausteine oder Muster werden uns so lange präsentiert, bis wir sie aufgelöst haben. Wenn wir

es also endgültig leid sind, immer wieder auf der-
selben Wurst herumzukauen, müssen wir sie beseitigen. Dann wird das Muster im Speicher gelöscht.

Andererseits befinden sich in den Speichern jedoch auch sehr positive Karmamuster, nämlich
unsere Talente, Fähigkeiten und Potenziale. Auch
diese Textbausteine sollten wir nutzen und einsetzen.
Dafür haben wir viel geleistet und auf uns genommen.
Es ist ein unbezahlbarer Schatz an Erfahrungen.

Der atlantische Priester Micale ist zuständig für
das Erkennen alter Muster. Er arbeitet intensiv mit
Serapis Bey vom weißen Strahl zusammen. Seine
Definition der Muster ist wunderbar, er sagt nämlich,
jedes Muster war am Anfang seiner Entstehung
positiv. Was später daraus wurde, ist seine heutige
Erscheinung, belastet mit vielen Erlebnissen, die
nicht immer nur gut und schön waren. Wir müssen
nur lernen, seine Schattenseiten bewusst anzuschauen,
um sie immer blasser werden zu lassen. Dann
kommen wir unweigerlich in den Besitz des positiven
Musters und können es im vollen Potenzial nutzen.

Es mag sein, dass dies eine sehr schwierige und
manchmal langwierige Geschichte ist, aber der
Erfolg gibt uns Recht. Sowohl in meiner Einzelarbeit

als auch in den Seminaren werden die Menschen intensiv mit karmischen Anteilen konfrontiert. Nur so kann es uns gelingen, alte verkrustete Anteile der Persönlichkeit zu bereinigen. Es hat keinen Sinn, dass wir uns alle gegenseitig zu Heiligen erklären.

Es hat sich eingebürgert, mit dem Gebrauch der "violetten Flamme" sehr großzügig und verschwenderisch umzugehen. Man glaubt, in jegliche Situation transformierend eingreifen zu können, indem man die violette Flamme "hinschickt". Ich mache dann immer den Vorschlag, die Flamme doch zunächst einmal in alle Kriege auf der Welt zu schicken, der Friedensnobelpreis lässt dann nicht auf sich warten. Wenn es so einfach wäre, hätten wir längst das neue Zeitalter besiegelt. Wir müssen aber zuerst die alte Schulklasse abschließen, um in Richtung Abitur zu gelangen. Diese Schulklasse heißt Frieden, und zwar Weltfrieden. Die karmische Grundlage des Krieges muss gelöst werden, sonst sitzen wir alle auf verlorenem Posten. Da nützt uns auch eine violette Flamme nichts, denn sie kann nur dabei helfen, die Tatbestände zu transformieren, die wir im Sinne von Ursache und Wirkung verstanden haben. Wenn wir dann das Belastende loslassen, tritt sie auf den Plan und hilft bei der Transformation.

Wir können uns von der Verpflichtung der Transformation nicht freimachen. Jeder von uns gerät tagtäglich in Situationen, die uns dazu auffordern, etwas zu verändern und Fehler auszumerzen. Das gehört zum Leben. Deshalb müssen wir immer wieder in den Spiegel schauen, den uns die anderen vor Augen halten. Das ist gar nicht so schwer. Sicherlich ist es mehr als einmal Kräfte raubend, aber wir haben all das selbst einmal verursacht.

Seit vielen Jahren begleite ich die Menschen so auf ihrer eigenen Entdeckungsreise, und ich kann wirklich sagen, die Erfolge sprechen für sich. Viele haben sich gravierend verändert und immense Fortschritte gemacht. Andererseits wenden sich Menschen auch wieder ab. Ihnen ist es zu kompliziert, und sie versuchen, den Weg des geringsten Widerstandes zu gehen. Er endet in der Sackgasse. Doch selbst aus ihr gibt es wieder einen Ausweg, den die Meister uns zeigen.

Die atlantischen Priester

Während der atlantischen Blütezeit konnten sich die Menschen auf die Unterstützung durch eine sehr hochstehende Priesterschaft verlassen. Diese Priester und Priesterinnen sorgten für eine energetische Regeneration der Menschen auf allen Ebenen. Sie dienten schon damals im Sinne der zwölf göttlichen Strahlen, indem sie verschiedene Aspekte der Strahlen verkörperten und lehrten. Somit war den Menschen der direkte Kontakt zur göttlichen Ebene möglich. Doch auch diese Priester schafften es nicht, den Verfall der atlantischen Kultur zu verhindern. Viele von ihnen konnten Atlantis zum Zeitpunkt seines Unterganges allerdings ohne karmische Anteile verlassen. So konnte das Gesetz von Ursache und Wirkung ihnen nichts anhaben, und es gab für sie auch nicht die Verpflichtung der Reinkarnation. Seit dieser Zeit dienen diese Seelen freiwillig auf der geistigen Ebene im Sinne der zwölf göttlichen Strahlen, indem sie die Aufgestiegenen Meister nach besten Kräften unterstützen. Durch den Eintritt der Erde ins neue Zeitalter sahen sie ihre Zeit gekommen, der Erde bei ihrem Aufstieg zu helfen. Sie treten heute intensiver in Erscheinung, indem sie uns ihre Hilfe direkt anbieten, allerdings setzen sie dafür unsere ganze Mitarbeit voraus.

Auf jedem der zwölf Strahlen arbeiten sieben dieser Priester und Priesterinnen, die von mir bereits in meinen anderen Büchern intensiv beschrieben wurden. Wir sollten lernen, ihre Hilfe bei all unseren Aktionen und Präzipitationen sinnvoll einzusetzen. Bereits Kinder greifen sehr erfolgreich darauf zurück.

Die ehemaligen atlantischen Priester sind da, um uns mit unendlicher Liebe und Geduld zu unterstützen. Dennoch fordern sie von uns Konsequenz, Gradlinigkeit und Mut, damit sie mit uns in den Erfolg gehen können. Wir müssen lernen, in eine viel stärkere Verantwortung zu gehen. Alles hat seinen Preis.

Unabhängig davon, welche Arbeit ich mit Menschen durchführe, wir binden immer die

Hilfe der Atlanter mit ein, und ich kann nur alle Menschen dazu ermuntern, auf diese Begleitung zurückzugreifen. Es lohnt sich.

Das göttliche Selbst

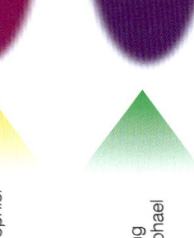

8. Strahl: Aquamarin
Klarheit, Unterscheidungsvermögen
Lenker: Maha Cohan – Erzengel: Aquariel

9. Strahl: Magenta
Harmonie, in der Mitte bleiben, Gleichgewicht
Lenker: Jesus – Erzengel: Anthriel

10. Strahl: Gold
Ruhe, Fülle, Geborgenheit, Reichtum
Lenker: Kuthumi – Erzengel: Valeoel

7. Chakra
Scheitelchakra
Farbe: violett

6. Chakra
Drittes Auge
Farbe: indigo

5. Chakra
Halschakra
Farbe: blau

4. Chakra
Herzchakra
Farbe: grün

2. Strahl: Goldgelb
Weisheit, Erleuchtung, Lehren
Lenker: Konfuzius – Erzengel: Jophiel

5. Strahl: Smaragdgrün
Konzentration, Wahrheit, Heilung
Lenker: Hilarion – Erzengel: Raphael

1. Strahl: Blau
Wille Gottes, Mut, Kraft, Schutz
Lenker: El Morya – Erzengel: Michael

3. Strahl: Rosa
aktive Intelligenz, Toleranz, Freiheit
Lenker: Rowena – Erzengel: Chamuel

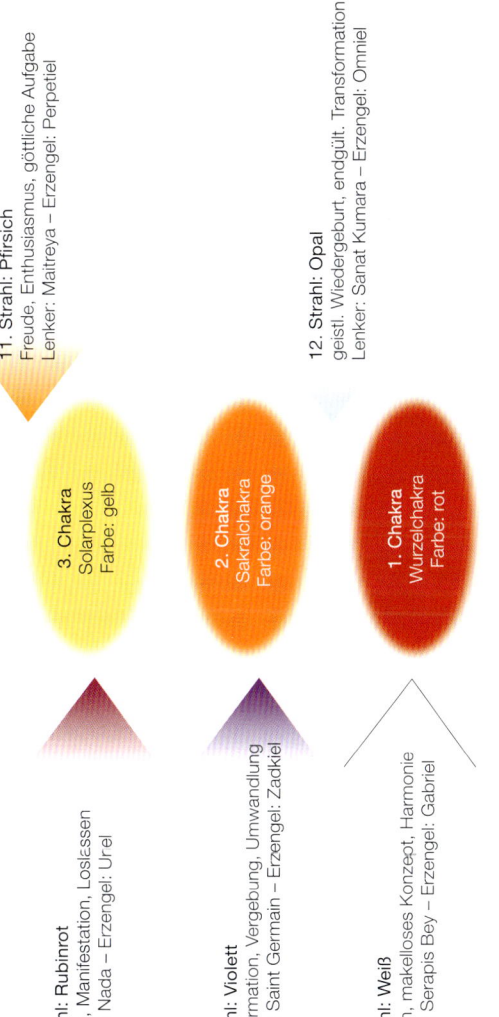

11. Strahl: Pfirsich
Freude, Enthusiasmus, göttliche Aufgabe
Lenker: Maitreya – Erzengel: Perpetiel

12. Strahl: Opal
geistl. Wiedergeburt, endgült. Transformation
Lenker: Sanat Kumara – Erzengel: Omniel

3. Chakra
Solarplexus
Farbe: gelb

2. Chakra
Sakralchakra
Farbe: orange

1. Chakra
Wurzelchakra
Farbe: rot

6. Strahl: Rubinrot
Frieden, Manifestation, Loslassen
Lenker: Nada – Erzengel: Urel

7. Strahl: Violett
Transformation, Vergebung, Umwandlung
Lenker: Saint Germain – Erzengel: Zadkiel

4. Strahl: Weiß
Disziplin, makelloses Konzept, Harmonie
Lenker: Serapis Bey – Erzengel: Gabriel

Die Einwirkung der zwölf göttlichen Strahlen in und zwischen die Chakren

Darstellung der zwölf göttlichen Strahlen

Der Aufstieg

Sie erinnern sich, wir hatten ganz am Anfang davon gesprochen, dass es wichtig ist zu wissen, woher man kommt, um zu wissen, wohin man gehen möchte. Der Kreis schließt sich auch im Sinne des irdischen Wandels in dem Moment, in dem wir beschließen, das Irdische zu verlassen. Wir sprechen hier vom endgültigen Verlassen im Gegensatz zur Reinkarnation, bei der wir uns immer wieder in eine neue Verkörperung begeben, um angesammeltes Karma sinnvoll abzuarbeiten und letztlich zu nutzen. Doch was geschieht, wenn wir all das erfolgreich gemeistert haben?

Wir sprechen vom sogenannten Aufstieg der Seele ins Licht: Der Lichtfunke, der wir im Grunde genommen sind, möchte wieder Teil des großen Ganzen werden. Das heißt also, die einst ins Irdische abgestiegene Monade sucht den Weg zurück in die Einheit. Nun könnten wir sagen, das ist doch ganz einfach. Wenn wir alles gut gelöst haben, gehen wir zurück und werden Teil dieses großen Lichtballs. Nun, so einfach ist es nicht. Sie gelangen ans Ende einer Treppe auch nur dann, wenn Sie Stufe für Stufe nehmen. Fliegen können wir noch nicht. So können wir uns vorstellen, dass wir den Weg zurück ins Licht auch Schritt für Schritt gehen müssen. Denken Sie immer daran, dass aus einer Monade irgendwann zweihundertachtundachtzig Persönlichkeiten wurden, die sich wiederum in viele kleine Partikel aufteilen durften. Wir sind also nur ein Teil dieser kompletten Familie. Wie funktioniert also unser Rückweg?

Ich verdeutliche dies immer mit einem ganz simplen Beispiel: Stellen Sie sich ein riesiges Parkhaus vor. Dieses Parkhaus besteht aus sechzig Milliarden Parkdecks. (Sie erinnern sich: In unserem planetaren System gibt es sechzig Milliarden Monaden, die unterwegs sind.) Jedes dieser Parkdecks verfügt über hundertvierundvierzig Parklücken, und eine jede Parklücke verfügt über einen Mittelstreifen, genau wie unsere Straßen. So ergeben sich daraus insgesamt zweihundertachtundachtzig

Stellplätze. Nehmen wir an, auf jeden dieser Stellplätze passt ein Motorrad – das wären wir. Über viele Zeitalter hin suchen alle diese Motorräder den Weg zurück ins Parkhaus. Finden sich nun zwei Motorräder auf einer Parklücke gemeinsam ein, verwandeln sie sich in ein einziges Auto. Sie werden eins und ergeben ein neues Vehikel. So füllen sich nach und nach alle Parklücken. Sind alle einhundertvierundvierzig Parklücken mit Autos gefüllt, verwandeln sie sich in ein Flugzeug, das dann den Weg ins Licht antritt.

Sie werden sagen, das ist doch kein Problem, irgendwann werden sie es schon schaffen. Das ist zwar richtig, aber es kann ganz schön anstrengend werden. Stellen Sie sich vor, das Parkdeck besitzt schon einhundertachtunddreißig komplette Autos, die schon langsam Patina ansetzen, doch noch ein paar Motorräder sind unterwegs und finden einfach nicht die Einfahrt ins Parkhaus. Diese Situation kann ganz schön verführerisch sein. Wir wissen alle, wie es ist, wenn man nichts zu tun hat. Kinder wie Erwachsene werden dann sehr erfinderisch. Auf diesem Parkdeck kann man eigentlich nicht mehr viel erfinden, es sei denn, man entscheidet sich aus freiem Willen dazu, denen behilflich zu sein, die da draußen umherirren.

Stellen Sie sich folgende Situation vor: Einhundertdreiundvierzig Parklücken sind mit Autos besetzt. Eine einzige Lücke weist ein Motorrad auf. Alle Augen sind auf die Welt draußen gerichtet und auf das einzelne fehlende Motorrad. Man beginnt langsam zu nörgeln. Kann denn dieser einzelne Verkehrsteilnehmer nicht mal Gas geben? Der Gegenpart des Motorrads verspürt leichten Druck. Dann plötzlich: Das Motorrad wird am Horizont sichtbar. Schätzungsweise noch achtundneunzig Erdenjahre entfernt, aber immerhin ein Lichtblick am Ende des Tunnels. Die anderen atmen auf: na endlich.

Es sind noch dreiunddreißig Jahre, noch zwölf, dann noch ein Jahr. Alle sind gespannt. Vier Monate trennen alle noch vom Aufstieg. Die letzte Woche ist angebrochen. Man winkt verzweifelt, merkt aber, dass der da draußen noch nicht einmal zurückblinkt. Das einsame Motorrad auf der Parklücke kommt ins Schwitzen. Die anderen raunen: "He, mach hin. Gib Zeichen. Pass auf. Mach uns keine Schande. Hol ihn zurück." Noch ein Tag, dann ist es geschafft. Die letzte Stunde bricht an, die letzten Minuten. Motorrad "Alleine" steht unter Strom. Doch dann, ein einziger Aufschrei auf dem Parkdeck. Motorrad "Draußen" macht einen Schlenker und fährt kurz vor der Einfahrt mit einem Höllentempo davon. Alle sind entsetzt. Schweigen macht sich breit als Zeichen der Enttäuschung. Motorrad "Alleine" hält es nicht mehr aus. Zu groß ist die Angst vor weiteren zweihundert Jahren. Man nimmt auch keine Rücksicht mehr auf Warnungen der anderen oder des geistigen "Chefs". Man hört nur noch das Aufjaulen eines Motors, und dann ist die Parklücke leer. Nun stelle man sich vor, das Parkdeck liegt im Bereich der Dreißigmilliardstel-Kategorie. Wie lange dauert es, bis das Motorrad die Ausfahrt erreicht hat? Eine ganze Schwangerschaft. Dann ist vom Gegenpart nichts mehr zu sehen. Aber nun kommt die Krux: Die Einfahrt zurück ins Parkhaus ist verschlossen. Man hat das Ticket nach draußen gelöst und muss sich die Einfahrt erst wieder verdienen, denn unterwegs hat man schon einen Plan gefasst. Dieser Plan heißt hier im konkreten Fall: Ich habe mir die Erlaubnis eingeholt, meine Dualseele zu suchen, um dann mit ihr gemeinsam im Sinne des Plans die Rückkehr anzutreten. Wir wissen, wie lange es nun aufgrund der ganz normalen Inkarnation erst einmal dauern kann, bis sich die beiden begegnen. Dann beginnt das bekannte Spiel.

Das war nur ein kleines Beispiel dessen, was sich im Sinne des Aufstiegs alles ereignen kann. Wir müssen also erkennen, dass wir zwar einerseits nur für uns selbst verantwortlich sind, andererseits aber als Teil der gesamten Kompanie eine kollektive Verantwortung tragen. Erst wenn es alle Anteile geschafft haben, kann die Monade als geschlossener Lichtfunke nach Hause zurückkehren. Wir bewegen uns über Zeitalter hin durch viele Inkarnationen auf das Parkhaus zu. Das ist unsere Reise zurück zum Ursprung.

Da wir nun nie wissen, ob Menschen, die uns begegnen, eventuell zu unserer Familie gehören, sollten wir also lernen, dass es grundsätzlich unsere Aufgabe ist, mit allen Wesen optimal zurechtzukommen. So erklären sich Begriffe wie bedingungslose Liebe, Toleranz und Loslassen von selbst. Wir können nie sicher sein, ob unser größter Feind nicht zufällig zu unserer Monade gehört. Es hat keinen Sinn, sich selbst den Heiligenschein zuzusprechen und dann so zu tun, als könne man kein Wässerchen trüben. Probleme, Widrigkeiten und Meinungsverschiedenheiten gehören zum Leben dazu. Wenn wir davor weglaufen wie kleine Kinder, die sich die Augen zuhalten und meinen, man sehe sie nicht mehr, holt uns der lange Arm des Schicksals wieder ein. Die globale Vernetzung der Monaden kommt zusätzlich erschwerend hinzu. Demzufolge können wir uns nicht aus der Verantwortung stehlen. Menschen, die glauben, eine Trennung sei die sicherste Lösung, um einem Problem aus dem Weg zu gehen, werden feststellen, dass sie eher geschadet hat. Es gibt immer wieder jemanden, der uns genau dasselbe Problem auf dem Silbertablett serviert.

Ja, so hat sich der Kreis geschlossen. So einfach ist Lichtarbeit. Und seien Sie versichert: Wir alle sind Lichtarbeiter. Alle dienen der Weißen Bruderschaft. Es liegt an uns, wie wir die Lichtenergie nutzen. Die Polarität ist immer und überall vorhanden.

All diese Themen gehören zu meiner Arbeit mit meinen Klienten. Wir arbeiten Jahre an der eigenen Erkenntnis. Das ist Arbeit an der Basis. Ich sage immer wieder: Der Aufstieg wird nur von uns selbst verdient. Dabei braucht uns niemand zu helfen. Dafür brauchen wir keine Einweihungen. Weshalb sollte uns ein Mensch in irgendetwas einweihen? Wir sitzen alle in einem Boot. Einweihungen erfahren wir lediglich durch die geistige Ebene, denn nur diese Ebene kann exakt feststellen, wie wir uns dafür qualifiziert haben.

Die Aufgestiegenen Meister kommunizieren durch mich mit den Menschen. Das ist nichts Besonderes. Ich habe mich dafür qualifiziert und wurde vor meiner Inkarnation gefragt, ob ich diese Arbeit machen möchte. Lange Jahre habe ich mich erfolgreich dagegen gewehrt, da ich eigentlich ein Mensch bin, der gerne nachvollziehen möchte, was er da tut. Doch auch ich durfte lernen, dass man nicht alles überprüfen kann. Diese Arbeit ist auch sehr anstrengend. Man lebt dafür und verzichtet freiwillig auf viele Dinge, die sich andere gönnen. Andererseits möchte ich nicht mehr darauf verzichten. Wenn ich einmal für einige Zeit ausfalle, weil ich krank bin (auch ich bin sterblich), stellt sich bei mir danach immer wieder eine Dankbarkeit ein, und ich freue mich, wieder für die geistige Welt arbeiten zu dürfen. Es ist nicht selbstverständlich für mich. Ich arbeite sowohl in Halb- als auch in Volltrance. Dafür wird man vor der Inkarnation ausgebildet, und das gesamte Programm, wie man zu arbeiten hat, wird in den Zellen gespeichert. Der Kehlkopf wird ausgebildet und vorbereitet, denn ich spreche mit unterschiedlichen Stimmlagen, je nachdem, welcher Meister sich zeigt. Dafür habe ich bereits als Kind viel ausgehalten. Meine Eltern waren oft verzweifelt, wenn mein Hals schon wieder krank war. Aber das ist vorbei und heute verstanden. Der gesamte Körper muss während einer Volltrance zudem mit sehr wenig Sauerstoff auskommen, da die Atmung auf ein Minimum heruntergeschraubt wird. Demzufolge müssen auch die Organe und das Gehirn entsprechend vorbereitet sein. So müssen auch Ruhephasen geregelt werden.

Man hört und liest oft, dass es der Trancezustände nicht mehr bedarf, da alles viel leichter geworden wäre. Wer jedoch in der Lage ist zu vergleichen, erkennt die feinen Unterschiede. Aber das ist im

Leben immer so. Nur dann, wenn man vergleichen kann, lernt man, Qualität zu schätzen.

Ich habe auch gelernt, dass die Menschen durch die geübte Kontaktaufnahme mit der geistigen Welt sehr schnell in die Lage kommen, eine eigene Kommunikation für sich aufzubauen. Sie erlangen so eine gewisse Sicherheit und sind bereit, menschliche Hilfe loszulassen und ihren Weg alleine zu gehen. Das begeistert mich immer wieder an der Arbeit mit Menschen. Es ist wichtig, den Menschen eine klare Essenz zu vermitteln. Diese beschränkt sich auf die lebenswichtigen Details. Dafür müssen wir uns nicht jahrelang treffen und alles wiederholen. Wir waren immer Einzelkämpfer, und als solche müssen wir auch den Weg zurück finden. Solange wir als Herdentier umherlaufen, hält uns die Materie fest.

Ich kann nur alle Menschen dazu ermuntern, die Erkenntnis zu erlangen, dass wir uns im klaren Licht betrachten müssen, um als reines Licht nach Hause zurückkehren zu können. Zum Licht gehört auch der Schatten. Doch er ist nur zu sehen wie eine kleine Wolke, die sich vor die Sonne geschoben hat.

DIE AUFGESTIEGENEN MEISTER

Die zwölf göttlichen Strahlen werden von den Aufgestiegenen Meistern der Weißen Bruderschaft gelenkt; in meinem Buch "Wesen und Wirken der Weißen Bruderschaft" habe ich ihre Entstehung und ihre Aufgaben eingehend beschrieben. Die Meister, unterstützt von atlantischen Priestern und Priesterinnen, sollen uns helfen, unsere Aufgabe im Sinne der Strahlen und unseres Plans optimal zu erfüllen. Eine gewinnbringende Zusammenarbeit ist also jederzeit möglich. Dafür bedarf es unseres Engagements und unseres starken Willens, den die einzelnen Strahlenaspekte ebenfalls stärken können. Je eher wir lernen, diese Energieformen konstruktiv zu nutzen, umso schneller nähern wir uns unserem Aufstieg.

Die Arbeit mit den göttlichen Strahlen sowie mit deren Lenkern ist definitiv als solide Zusammenarbeit

159

zu betrachten – wie bei einer irdischen Kooperation. Der einzige Unterschied besteht darin, dass die geistige Ebene esoterisch ist. Wir können dieses System wirklich mit einem Unternehmen vergleichen, auch wenn das manchen Menschen nicht sehr gut gefällt. Ich bezeichne die Meister immer als Abteilungsleiter, und wir sind die Angestellten, die unter ihrer Führung arbeiten. Sicherlich gibt es da auch Diskussionen, Missverständnisse und manchmal auch den Wunsch zu kündigen. Eines unterscheidet sie aber von irdischen Abteilungsleitern: Sie denken und handeln nicht wie Menschen. Sie nehmen nämlich unsere Kündigung einfach nicht an, weil sie wissen, dass wir sie am nächsten Morgen sowieso wieder zurückziehen. Also üben sie Nachsicht und Geduld, bis wir wieder auf dem Boden der Tatsachen angelangt sind. Sind wir dann wieder "normal" geworden, stehen sie sofort mit neuen Aufträgen bereit. Doch sie "bestrafen" nicht mit Dingen, die ein menschliches Ego produzieren würde. An diese Umgangsformen müssen wir uns in der Realität allerdings erst gewöhnen, denn wir sind es gewohnt, gemaßregelt, korrigiert und ständig kontrolliert zu werden, so ist das in einem irdischen Abhängigkeitsverhältnis. Die

Meister haben aber alle Zeit des Universums, darauf zu warten, dass wir kapieren, worum es geht. Nun ja, alles hat zwei Seiten. Dafür gibt es im Geistigen keinen Urlaub, kein Weihnachtsgeld und keine Zeugnisse. Aber auch das lernt man zu verstehen und zu schätzen.

Nachfolgend eine kurze Übersicht über die Strahlen und ihre Lenker.

Die zwölf göttlichen Strahlen –
ihre Lenker und Erzengel

einwirkender göttlicher Strahl mit Aspekten	Farbe	Lenker	Erzengel	weibl. Ergänzung
erster Strahl Wille Gottes, Mut, Kraft, Schutz, Ziele	blau	El Morya	Michael	Faith
zweiter Strahl Weisheit, Erleuchtung, Gelassenheit	goldgelb	Konfuzius	Jophiel	Constance
dritter Strahl göttliche Liebe, aktive Intelligenz	rosa	Rowena	Chamuel	Charity
vierter Strahl Reinheit, Disziplin, Harmonie, Konzept	weiß	Serapis Bey	Gabriel	Hope
fünfter Strahl Konzentration, Wahrheit, Heilung	grün	Hilarion	Raphael	Maria

		Nada	Uriel	Donna Gracia
sechster Strahl Frieden, Heilung, Dienen, Idealismus	rubinrot			
siebter Strahl Vergebung, Transformation, Umwandlung	violett	Saint Germain	Zadkiel	Amethyst
achter Strahl Unterscheidungsvermögen, Klarheit	aquamarin	Maha Cohan	Aquariel	Clarity
neunter Strahl Ausgleich, Harmonie, Neutralität	magenta	Jesus	Anthriel	Harmony
zehnter Strahl innere Ruhe, Fülle, Geborgenheit	gold	Kuthumi	Valeoel	Peace
elfter Strahl vollkommener Plan, göttliche Aufgabe	pfirsich	Maitreya	Perpetiel	Joy
zwölfter Strahl Wiedergeburt, Umwandlung, altes Wissen	opal	Sanat Kumara	Omniel	Opalescence

Worte der Aufgestiegenen Meister zu ihren Strahlen

Erster blauer Strahl –
Lenker: El Morya

Liebe Brüder und Schwestern,

der saphirblaue Strahl zeichnet sich aus durch die Aspekte: Mut, Kraft, starker Wille, positive Macht und Zielsetzung. Seine Wirkung ist der Ansatz und Beginn jeder Schöpfung. Wir sind bestrebt, allen Wesen dabei zu helfen, ihren Weg mit Intelligenz und allen erforderlichen Hilfsmitteln zu beschreiten, doch der Wille und das Ziel sind die Grundlagen eines jeden Schöpfungsprozesses. Wer spürt, dass sich ein Hindernis in den Weg stellt, sollte die Herausforderung darin sehen, Ursache und Wirkung zu begreifen. Karma kann ein Ziel erschweren, doch es kann das Ziel auch begünstigen.

Es gehört zu meinen Aufgaben, die Menschen mit ihrem Karma zu konfrontieren, damit sie lernen, seine Existenz zu schätzen. Seine Nutzung ist von tief greifender Wirkung, denn letztlich wird alles davon bestimmt.

In meinem Lichttempel in Darjeeling biete ich allen Lichtarbeitern meine intensive Schulung an. Gelehrt wird dort der starke Wille Gottes, um zu führen. Nur wer den starken Willen entwickelt, ist gewappnet, seinen Weg unbeirrt zu gehen. Er wird jede Hürde nehmen in dem großen Urvertrauen, dass wir alle an seiner Seite stehen, um ihm zu helfen, seine gesetzten Ziele zu erreichen. Doch das Ziel, meine Lieben, es bedarf der exakten Beschreibung. Nur wenn wir wissen, was euch intensiv beschäftigt und wie weit ihr bereit seid, eurem Plan zu folgen, sind wir in der Lage, gemeinsam mit euch das Ziel festzulegen und zu verfolgen. Der Plan ist existent, doch euer Wille muss uns zeigen, dass ihr bereit seid, neue Ziele zu formulieren. Wir wissen, wie schwer es ist, sein Ziel zu erkennen und darauf zuzugehen. Auch wenn euch niemand lehrte zu fordern, so sind wir darauf angewiesen, dass ihr lernt, uns eure klaren Ziele vorzubringen. Nur so können wir den Plan zur Verwirklichung führen. Es ist immer wieder möglich, das Ziel zu korrigieren und einen neuen Kurs zu wählen. Wir müssen erkennen, dass ihr bereit seid, Risiken einzugehen, eure Ängste zu bewältigen und Blockaden zu beseitigen. Eure Bereitschaft zeigt sich dadurch, dass ihr Schritte tut. Die Lichtarbeiter, die den blauen Seelenstrahl für ihr Erdendasein wählten, sind geprägt von Mut und neuen Zielen. Sie sind bereit, zu führen und mit Kraft und positiver Macht voranzugehen. Ihr Wille ist ungebrochen, und sie kennen keine Angst.

Wartet also nicht darauf, dass wir für euch die Entscheidungen treffen. Wir würden euch manipulieren und euren freien Willen missachten. Zeigt uns euren Mut und eure Bereitschaft zur Veränderung. Bittet den blauen Strahl und alle seine Helfer um Unterstützung. Wir sind an eurer Seite.

In Liebe
El Morya

Zweiter goldgelber Strahl –
Lenker: Konfuzius

Liebe Freunde,

ich lenke seit 1956 den goldgelben Strahl der Weisheit, der Erleuchtung, des uralten Wissens und des Lehrens. Dazu gesellt sich die Geduld. Der Magnetismus des goldgelben Strahles ist dazu in der Lage, euch immer wieder mit der endlosen Weisheit des Christusbewusstseins zu konfrontieren. Doch ihr wisst, Weisheit war und ist eine Frage des Alters. Wir sprechen hier vom Alter der Seele. Je älter eine Seele ist, umso reichhaltiger ist ihre Weisheit, aus der sie schöpfen kann. An erster Stelle einer jeden Schöpfung steht das Ziel, doch dann folgen Weisheit und Intelligenz, um seine Umsetzung anzugehen. Wir vom goldgelben Strahl sind bestrebt, euch dabei zu helfen, die rechte Weisheit zu erlangen, auch das Wissen, um ein Ziel zu erreichen. Wir versorgen euch mit Schulung und klaren Fakten. Nicht selten erzeugen wir den Impuls der Weiterbildung und des Studiums. Bedenkt, euer Geist hört niemals auf, Wissen anzusammeln. Das Lehren und das Lernen sind auf unserem Strahl zu Hause, nicht zuletzt die uralten Künste, die es immer wieder zu aktivieren gilt. Die Philosophie bereichert den Menschen seit Zeitaltern.

Wir Meister der alten Kulturen und Philosophie schulen die Menschen auf dem Gebiet der Geduld. Das sind mehr als einmal schwierige Momente, denn Ungeduld ist des Menschen großer Feind.

Die Seelen, die sich den goldgelben Strahl als Heimat wählten, sind sanft in ihrer Natur. Sie lieben nicht die Hektik der Außenwelt. Ihre innere Welt sucht die Leichtigkeit, die Künste und die Liebe aller Wesen. Sie haben ein großes Herz für die gesamte Natur, für die Pflanzen, die Tiere und für Mutter Erde. Ihr Interesse gilt dem umfassenden Studium und der Verteilung ihres Wissens. Dabei helfen ihnen die Geduld und die Gelassenheit, die aber oftmals mühsam gelernt werden müssen. Ist diese Hürde jedoch genommen, verkörpern sie die besten Lehrer, die niemals müde werden, alle an ihrem Wissen teilhaben zu lassen.

In meinem Lichttempel in Wyoming wird das uralte Prinzip der Präzipitation geübt und gelehrt.

Alle Lichtarbeiter sind eingeladen, dort ihre Ziele vorzubringen, damit wir uns im Sinne der Weisheit auf die Reise des Erschaffens aus der Urmaterie begeben können. Alle Aufgestiegenen Meister sind dort zugegen, um sich an dieser umfangreichen Schulung zu beteiligen.

So hilft euch allen dieser Strahl, die Weisheit in euer Leben einzuladen. Wir werden niemals müde, als Lehrer für euch zu dienen. Das Füllhorn der Erleuchtung schüttet ständig seinen Inhalt aus. Lernt, euch daraus zu bedienen.

In Liebe
Konfuzius

Dritter rosafarbener Strahl –
Lenkerin: Rowena

Liebe Kinder des Lichts,
der rosafarbene Strahl findet seine Wirkung in eurem Herzchakra. Die Ebene des Herzens umfasst in jedem Schöpfungsprozess die Liebe,

die Menschlichkeit sowie Toleranz und Freiheit. Gleichzeitig aktiviert es die aktive Intelligenz. Das bedeutet, dass durch unsere Strahlenwirkung eine mächtige Resonanz erzeugt wird, denn es wird dafür gesorgt, dass der Schöpfungsprozess beginnt, sich zu vollziehen. Er wird aktiviert. Gerade auf dieser Ebene seid ihr aufgefordert, große Hürden zu nehmen. Einerseits stellen sich die menschlichen Hindernisse in den Weg, die geprägt sind von Neid, Eifersucht, Angst und Hilflosigkeit. Andererseits sollt ihr erkennen, welche Maßnahmen direkt zu ergreifen sind, um in die gewinnbringende Aktivität zu gelangen. Könnt ihr so verstehen, weshalb gerade dieser Strahl so wichtig für euer Fortkommen ist? Wir wissen, dass er eine Herausforderung darstellt. Doch gerade hier möchte ich euch meine Hilfe anbieten. Auch ich hatte in meinen Inkarnationen mit beiden Ebenen zu kämpfen. Man stellte sich mir in den Weg, und gleichzeitig erwartete man Lösungen und sinnvolle Maßnahmen von mir. Ich musste an beiden Fronten kämpfen und versuchen, im Gleichgewicht zu bleiben. Das ist auch für euch nicht leicht. So versucht, durch

Anforderung meiner Hilfe dafür zu sorgen, dass ihr die Waagschale immer wieder ins Lot bringen könnt. Menschliches Versagen erzeugt Handlungsunfähigkeit. So seid ihr aufgefordert, auf der Herzensebene immer wieder Ordnung zu schaffen, um gleichzeitig sinnvolle Maßnahmen im Sinne der Schöpfung zu ergreifen. Das ist nicht leicht, denn allzu schnell ergreifen die Emotionen von euch Besitz.

In meinem Lichttempel im Süden Frankreichs, genannt "Château de Liberté", bin ich bestrebt, all diese Themen gewinnbringend mit euch zu üben. Im Ätherreich seid ihr eingeladen, euch dort mit mir und euren Mitmenschen, die an eurer Seite stehen, im Geistigen zu treffen und konstruktiv zu werden.

Die Seelen des rosafarbenen Strahles sind hier besonders gefordert. Speziell in ihren Aufgaben wandern sie immer zwischen beiden Ebenen umher. Sie können Menschen gut führen und beschützen, sich für sie einsetzen, und gleichzeitig besitzen sie gute wirtschaftliche Fähigkeiten. Doch sie müssen auch lernen, immer wieder in die Balance zurückzufinden. Das macht ihnen das Leben oft schwer.

Menschlichkeit und Erfolg sind oftmals Gegensätze in eurem Leben. Dies zu meistern, ist eine große Aufgabe. Doch seid sicher, der Erfolg wird euch Recht geben.

In Liebe
Rowena

Vierter weißer Strahl –
Lenker: Serapis Bey

Meine Freunde,
Disziplin, Durchhaltevermögen, Klarheit, Reinheit und die klaren Konzepte verkörpern den kristallweißen Strahl. Gleichzeitig schenkt dieser Strahl Harmonie, Schönheit, Ästhetik, künstlerisches Vermögen und nicht zuletzt die Diplomatie. Er will erfreuen und dafür sorgen, dass die sogenannten "klaren Verhältnisse" Fuß fassen. Außerdem habe ich auf diesem Strahl für die letzte Prüfung der Seele zu sorgen, wenn sie sich dazu entschlossen hat, in höhere Sphären aufzusteigen.

Nur wer die Prüfung durch den weißen Strahl bestanden hat, darf die irdische Materie für immer verlassen.

Jedes Ziel, das ihr euch setzt, wird versorgt mit Weisheit und gelangt so in die aktive Intelligenz. Herzensangelegenheiten vollziehen sich, und auch alle weltlichen Themen nehmen ihren Lauf. Im Sinne der Schöpfung wird es dann wichtig, das korrekte Konzept zu erhalten, es immer wieder zu überdenken, zu korrigieren und gegebenenfalls das Ziel neu zu formulieren. In meinem Tempel über Luxor helfe ich euch in der Schulung, all diese Themen zu üben. Gerade das Thema der Disziplin wird euch immer wieder herausfordern.

Die Seelen des weißen Strahles sind hier besonders gefordert. Disziplin ist für sie ein großes Thema. Gerade in den künstlerischen und sportlichen Bereichen wird die Disziplin für sie ein elementares Thema. Diese Menschen schätzen die Harmonie in ihrem Umfeld und auf der ganzen Erde. Sie sind bestrebt, alles dafür zu tun. Ihre Diplomatie macht sie hier zu willkommenen Helfern und Streitschlichtern. Sie erfreuen die Menschen gerne durch ihre Kunst, ihre Musikalität und auch ihre schauspielerischen Fähigkeiten. Doch sie müssen lernen, alles in Maßen zu genießen und zur Verfügung zu stellen. Sie brauchen ihren Freiraum und die Möglichkeit, sich zu distanzieren, wenn sie überfordert sind. Das gilt es häufig zu lernen, denn allzu schnell sitzt man "zwischen den Stühlen".

Doch auch die Seelen anderer Strahlen müssen auf unsere Aspekte zurückgreifen, denn das ganz normale Leben und die Präzipitation fordern hier unseren Einsatz. Deshalb fordert meine Hilfe. Mein Wahlspruch heißt: "Versuche es." Ich bin da, um zu helfen.

In Liebe
Serapis Bey

Fünfter smaragdgrüner Strahl –
Lenker: Hilarion

Meine lieben Freunde des Lichts,
Konzentration, Wahrheit und Heilung sind die Attribute des grünen Strahles. Ich lenke diesen

Strahl im Sinne dieser Aspekte, deren Reihenfolge für mich von großer Bedeutung ist. Gleich welches Ziel ihr verfolgt, es kommt die Stunde der Wahrheit. Nur wer die Wahrheit erkennt und sinnvoll walten lässt, wird eine Heilung oder Transformation erfahren.

Um die Wahrheit herauszufinden, bedarf es zunächst der Konzentration, denn allzu schnell lässt man sich trügen vom falschen Schein. Euer drittes Auge schenkt euch diese Konzentration, die wir gemeinsam in meinem Lichttempel über Kreta üben dürfen. Es mag eine Zeit vergehen, bis euch die Konzentration zur Wahrheit führt. So habt Geduld, denn nur die wahre Wahrheit gebiert die Heilung. Ich selbst durfte in vielen Inkarnationen nach der Wahrheit streben. Es war nicht leicht, denn auch ich ließ mich blenden vom Willen und dem Ego anderer. Der leichte Weg ist nicht immer der Weg der Wahrheit. Wahrhaftig zu sein heißt oftmals, sich von alten Mustern und Sitten zu lösen. Mehr als einmal steht man einsam und alleine da. Es ist niemand da, der euch die Hand reicht, um eure Wahrheit anzuerkennen und umzusetzen.

Wer wahrhaftig ist und lebt, scheint oftmals sehr einsam. Doch seid sicher, wir erkennen euch im Licht der Wahrheit. Und so ist es auch meine Aufgabe, die Unwahrheit zu beleuchten und euch damit zu konfrontieren. Gerade die Seelen des grünen Strahles werden hier intensiven Prüfungen unterzogen. Es ist ihre uralte Pflicht, wahrhaftig zu sein. Doch nicht selten verharren sie auch in ihren eigenen Denk- und Verhaltensmustern, von denen sie glauben, dass sie wahr sind. Oft finden wir hier karmische Muster vor. Es sind alte Verkrustungen, die wir lösen müssen. So gehen meine Schüler sehr oft schwere Wege, um sich von der Unwahrheit in die Wahrheit zu begeben. Wir wissen, dass es schwer ist, die Wahrhaftigkeit zu leben. Sie stellt eine ewige Prüfung dar.

Noch ein paar Worte von mir zum Thema Freundschaft. Wir sagen auf der geistigen Ebene, dass es keine Freunde gibt. Viele von euch staunen darüber. Lasst es mich erklären. Ihr solltet euch als Weggefährten mit karmischen Bezugspunkten erkennen. Der Mensch hat den Begriff des Freundes geschaffen, um sich seiner sicher zu sein, gerät er in schwierige Gefilde. Wo nun bildete sich der

Freund? Er bildete sich auf der Reise der Verkörperungen. Monadenfamilien kreuzten sich und schufen so ihre Bezugspunkte. Im Ursprung selbst gab es keinen Freund. Das bedeutet also: Der Freund erschuf sich selbst auf der Reise im Universum. In diesem Sinne können wir sagen: Der Freund ist eine karmische Schöpfung. Wenn ihr euch nun als Freund bezeichnet, und ihr meint es auch so, dann solltet ihr lernen, alle Themen des "Freundes" ohne Gegenforderung oder Emotionen zu erfüllen. Sorgt euch um eure Mitmenschen, erbringt zu jeder Zeit alle Leistungen aus purer Liebe, doch erwartet nichts zurück. Gebt alles, was ihr aufbringen könnt, an eure Freunde, und seid dankbar, auch wenn ihr nichts zurückerhaltet. Schlägt euch der Freund in eurer größten Not die Türe vor der Nase zu, dann seid dankbar, und seht es ihm nach. Er denkt, fühlt und handelt nicht wie ihr. Nur so könnt ihr Freund sein, ohne neues Karma zu schaffen. So vollzieht sich Wahrheit und gelebte Wahrhaftigkeit. Das Tier ist hier oftmals dem Menschen voraus, denn es liebt aus seinem Herzen heraus, ohne dafür zu verlangen. Es ist nicht nachtragend, wenn man ihm einen

Wunsch nicht erfüllt. Seine Demut macht den Menschen oft betroffen. Deshalb sehen viele Menschen in den Tieren ihre "wahren Freunde."

Kommt in meinen Tempel, um Wahrhaftigkeit zu lernen.

In Liebe
Hilarion

Sechster rubinroter Strahl –
Lenkerin: Nada

Meine geliebten Brüder und Schwestern,
seit dem Jahre 1956 lenke ich den rubinroten Strahl im Sinne seiner Aspekte: Frieden, geistige Heilung, Dienen im Sinne des Friedens, Idealismus, Manifestation und Loslassen.

Im Sinne der Präzipitation wirkt der rubinrote Strahl ganz am Ende. Durch ihn vollzieht sich ein jeder Schöpfungsprozess. Er schließt ihn ab und führt den Menschen auf neue Wege, denn ewig ist der Fluss der Dinge. Im Moment des Loslassens kann sich der Weg für Neues öffnen. In meinem Lichttempel, der sich im Ätherreich über Kalifornien befindet, üben wir all diese Aspekte.

Ich habe in vielen meiner Inkarnationen intensiv an diesen Themen gearbeitet. Als ich Jesus begleiten durfte in seiner letzten Inkarnation, wurde ich vielen Prüfungen ausgesetzt. Ich durfte – wie viele andere in seinem Umfeld auch – lernen, was es bedeutet, für ein Ideal im Weltbild aufzustehen und gleichzeitig loszulassen. Er lehrte uns die Heilung des Geistes und die durch den Geist. Deshalb lenkte er den roten Strahl auch bis 1956. Das sich dem Ende zuneigende Zeitalter ist das des rubinroten Strahles. Das Hauptziel dieses Zeitalters ist das Erlangen des Friedens. Nur dann kann es zur Transformation in ein neues Zeitalter kommen. So übt mit mir gemeinsam, den Frieden im Universum zu manifestieren.

Die Lichtschüler des roten Strahles treten insbesondere für diese Themen auf den Plan. Manchmal erscheinen sie als weltfremd und nicht belastbar, doch der Schein trügt. Sie üben das Dienen, und dieses Thema macht sie nicht zu Managern und Kämpfern der kalten Materie. Ihr

Eintreten für die Heilung auf allen Ebenen ist sehr wertvoll. Ihre Liebe umfasst die Herzen aller Wesen, und sie treten dafür ein, dass alle Wesen so angenommen werden, wie sie sind. Lernt von ihnen, dass jedes Wesen wertvoll ist. Frieden kann nur dann entstehen, wenn das Herz bereit ist zu vergeben.

In Liebe
Nada

Siebter violetter Strahl – Lenker: Saint Germain

Geliebte Freunde,
der violette Strahl steht für Transformation, Gemeinschaft, Karmabearbeitung und den kollektiven Erfolg im Sinne des Eintritts in das neue Zeitalter. Ihr Menschen dürft nicht aufhören, an die Transformation der Erde und aller anderen Planeten des Universums zu glauben. Daneben habt ihr dafür zu sorgen, dass dieser Umstand

sich vollziehen kann. Ursache und Wirkung sind so alt wie die Menschheit. Die violette Flamme der Transformation möchte euch beim Umwandlungsprozess behilflich sein. Trotz allem ist und bleibt es eure Aufgabe, das ständig rückflutende Karma der Menschheit zu transformieren. Nur so könnt ihr in ein neues Zeitalter eintreten. Wir können euch die Aufarbeitung des Karmas nicht abnehmen. Nur wenn ihr erkennt, was es loszulassen gilt, können wir uns auf eine neue Zeit zubewegen. Lasst euch nicht verunsichern von falschen Versprechungen, von Ausführungen, die vom Nichtvorhandensein des Karmas sprechen, oder von falschen Prophezeiungen. Die violette Flamme kann kein Karma ungeschehen machen. Sie darf euch helfen, den Erkenntnisprozess in die Umwandlung zu geleiten, um dann den transformierten Zustand zu erhalten.

In meinem Lichttempel der Transformation lehre ich euch das authentische Dasein im Sinne von Licht und Schatten. Euer Mut ist gefragt, den Dingen ins Auge zu blicken, so wie wir es immer taten und tun.

Meine Schüler des violetten Strahls sind inkarniert, um euch bei all diesen Prozessen behilflich zu sein. Auf vielen Ebenen des menschlichen Daseins werden sie von mir eingesetzt. Gerade die Psychologie, aber auch gezielte Therapien der Transformation sind ihre Aufgabengebiete. Viele von ihnen müssen jedoch zuerst lernen, authentisch zu sein und zu arbeiten. Sie sind Pioniere für das neue Zeitalter. Helft ihnen, die Welt zu verändern.

Die Magie ist ebenfalls auf dem violetten Strahl zu Hause. In diesem Sinne setzt er euch alle immer wieder unterschiedlichen Prüfungen aus.

Der violette Strahl hilft euch, ins Detail zu gehen und jede Präzipitation in den Erfolg zu führen. Doch unerbittlich ist er, entdeckt er Karma. Er führt euch die unerledigten Themen direkt vor Augen. Fordert meine Hilfe. Ich bin da.

In Liebe
Saint Germain

Achter aquamarinfarbener Strahl –
Lenker: Maha Cohan

Geliebte Schüler des Lichts,

die Aspekte des aquamarinfarbenen Strahles sind Klarheit und Unterscheidungsvermögen. Jedes Ziel, das gefasst wird, benötigt Klarheit. Es geht darum, sich bewusst zu machen, ob dieses Ziel in seiner Form weiter verfolgt werden kann oder ob es sinnvoll ist, noch einmal in Ruhe darüber nachzudenken. Selbst wenn der Mensch den Weg bereits eingeschlagen hat, weil er von seinem Ziel überzeugt war, kann es passieren, dass er nach einiger Zeit doch die Hilfe meines Strahles in Anspruch nehmen muss. Nicht selten sind Ziele und Wünsche nach einiger Zeit überholt, oder sie haben ein neues Gesicht gewonnen. Wenn menschliche, karmische und inhaltliche Hürden genommen sind, kann es sein, dass man sein Ziel vollkommen anders betrachten muss.

Aber nicht nur diese Ebene fordert den achten Strahl heraus. Es geht auch um die Klarheit von Gedanken, das Erkennen von Lügen und den Umgang mit all diesen Dingen.

Ich fordere die Menschen hier sehr stark heraus. Wenn man erkennt, dass andere etwas ganz anderes meinen, als sie aussprechen, erfordert das geistige Wachstum den toleranten Umgang damit. Ich erzeuge bei entsprechendem Wachstum auch eine gewisse Immunität gegen all diese Dinge.

Nicht zuletzt helfe ich den Menschen dabei, ihre eigenen Informationen aus der geistigen Ebene gezielt und klar wahrzunehmen. Menschliche Hilfe wird dann nicht mehr benötigt. So wird es immer leichter, Entscheidungen schnell und selbstbewusst zu treffen. Wir trainieren so euer Unterscheidungsvermögen. Selbst eure Feinde und Widersacher erfahren durch euch Klarheit, indem ihr sie dazu auffordert, sachlich und aufmerksam mit euch in die Klärung zu gehen.

So fordert meine Hilfe jederzeit. Ich bin für euch da.

In Liebe
Maha Cohan

Neunter magentafarbener Strahl –
Lenker: Jesus

Liebe Brüder und Schwestern,

magenta bedeutet: Harmonie des Herzens, in der Mitte bleiben, sich nicht aus dem Gleichgewicht bringen lassen. Dieser Strahl verleiht die Herzenswärme und die allumfassende, bedingungslose Liebe. Ich weiß, wie schwer es für die Menschen ist, diese Liebe zu kultivieren. Nichts ist schwerer, als zu vergeben und so zu lieben, dass man nichts bereut. Es nutzt dem Menschen nichts, sich einzureden, dass er andere toleriert, sie akzeptiert, wenn sie ihn verletzt haben, wenn im Herzen ein trauriges Kapitel erhalten bleibt. Ihr müsst wissen, dass die wahre bedingungslose Liebe keinen Schatten verträgt. Sobald sie sich selbst belügt, erzeugt sie Karma. Ich will damit sagen, dass der magentafarbene Strahl ein starker Strahl der Prüfung ist. Er transportiert alle Ungereimtheiten des Herzens ans Licht. Auch das Festhalten an Menschen, sich gegenseitig abhängig machen, anderen ein schlechtes Gewissen einreden, führt im Herzen zur Disharmonie. Ihr mögt euch gerne ein anderes Bild der Realität erschaffen, doch seid versichert, im Geistigen wird alles registriert. Oft trügt der Schein. Eine nach außen sichtbare, künstliche Harmonie existiert, doch im Inneren herrscht eine schmerzhafte Unruhe. So erliegt der Mensch selbst einem Trugbild. Ihr habt euch selbst in die Lage gebracht oder bringen lassen. Die Emotionen beherrschen euer Herz. Deshalb ist die Wirkung des magentafarbenen Strahles im Bereich der Thymusdrüse so wichtig. Sobald ihr nicht mehr im Gleichgewicht seid, auch durch unvorhergesehene Ereignisse wie Trauer, Trennung oder sonstiges Leid, lenkt den Strahl sofort in diesen Bereich. Ihr werdet seine Wärme spüren. Ich helfe euch, zur bedingungslosen, allumfassenden Liebe zurückzukehren. Das war und ist meine Aufgabe. Ich bin da.

In Liebe
Jesus

Zehnter goldener Strahl –
Lenker: Kuthumi

Liebe Freunde,

die Aspekte des goldenen Strahles sind: Fülle, Reichtum, Geborgenheit und Sicherheit. Gerade jeder Schöpfungsprozess soll diese Werte beinhalten. So überprüft jedes Schöpfungsergebnis, ob es diesen Anforderungen gerecht wird. Könnt ihr nicht alles bejahen, so kehrt zurück zur Zielsetzung oder nehmt die Hilfe eines anderen Strahles in Anspruch, um die für euch wichtigen Werte zu erlangen. Geben und Nehmen sollen im Gleichgewicht sein. Auch das wird von meinem Strahl gefordert. Der rechte Ausgleich für alles wird hier gefordert. Nicht zuletzt weise ich mit Güte auf die Wertschätzung hin. Nur wer seinen eigenen Wert korrekt zu schätzen weiß, kann auch den Wert der Leistungen und des Wesens anderer schätzen. Wer sich selbst erniedrigt, ist nicht zur Wertschätzung in der Lage.

Reichtum bezieht sich auf den inneren und äußeren Reichtum. Hier lernt ihr, mit jeglichem Reichtum vorsichtig und besonnen umzugehen, denn nur so werdet ihr ihn erhalten und bewahren können. Nur wenn ihr euren Plan erfüllen wollt und bereit seid, euren Weg verantwortungsvoll zu gehen, Prüfungen zu bestehen und euch zu engagieren für die Werte der Erde, werdet ihr die Fülle und den Reichtum erlangen. Nur schöne Worte und Vorhaben führen nicht zum Erfolg.

Die Lebensqualität ist von vielen Faktoren abhängig. Ein reiner Körper gehört genauso dazu wie reine Gedanken und Gefühle. Nur so können Taten folgen, die euch Gewinn bringen.

Ich möchte euch dabei helfen zu entdecken, was der Sinn eures Lebens ist und wie schön es sein kann, ein Leben in Fülle, Reichtum und Geborgenheit zu führen. Fordert meine Hilfe, ich bin da.

In Liebe
Kuthumi

Elfter pfirsichfarbener Strahl –
Lenker: Maitreya

Meine geliebten Schüler des Lichts,

seit langer Zeit habe ich die Aufgabe des Buddhas für die Erde inne. Als Jesus inkarnierte, konfrontierte ich ihn während seines Erdenlebens mit der Energie des kosmischen Christus. So zeigte ich ihm seine wahre Berufung. Mein Strahl hat also auch bei euch die Aufgabe, euch mit der wahren Aufgabe und der damit verbundenen Freude und Verantwortung in Verbindung zu bringen. Viele Prüfungen müssen durchlaufen und bestanden werden, um eure Lebensumstände so zu verändern, dass ihr das unerschütterliche Bedürfnis empfindet, nur noch eure Aufgabe zu erfüllen. Es ist das endgültige Ankommen im Plan und der Wunsch, all euer Wissen den Mitmenschen und allen Wesen der Natur zur Verfügung zu stellen. Es dürfen keine Ängste vor Verfolgung, Neid und anderen Emotionen mehr vorhanden sein. Wichtig ist zu wissen, dass das Ankommen in der wahren Aufgabe kein Zurück mehr gestattet. In eurem Inneren werdet ihr dann spüren, dass alles andere Verrat an euch selbst bedeuten würde. Eine Steigerung ist sozusagen nicht mehr zu erwarten. Ihr habt dann die Aufgabe, euch dort einzurichten, allem standzuhalten und jedes Wesen mitzuziehen durch eure Motivation.

Mein Strahl arbeitet im Bereich des Solarplexus', um euch dort dabei zu helfen, all euer Wissen und eure positive Macht zu aktivieren und zu stabilisieren. Eure Autorität tritt in natürlicher Form zutage, und all euer Wissen kann aus eurem Kausalkörper in sämtliche Bereiche eures irdischen Bewusstseins einfließen. Die Zusammenarbeit mit mir lohnt sich. Sie ist es wert, Einzug in euer erfülltes Leben zu halten.

So fordert meine Mitarbeit.

In Liebe
Maitreya

Zwölfter opalfarbener Strahl –
Lenker: Sanat Kumara

Liebe Lichtarbeiter,

als Lenker des zwölften opalfarbenen Strahles sehe ich eine große Zeit auf die Menschen zukommen. Es wird vieles dazu zu sagen geben, wenn die Zeit gekommen ist. Doch lasst mich eines betonen: Eure Zukunft hängt auch davon ab, wie weit ihr alle bereit seid, die Vergangenheit zu bewältigen und nicht zuletzt zu nutzen. Euer uraltes Wissen kann euch dabei helfen, zum Ursprung zurückzukehren, damit sich der sogenannte karmische Kreis schließen kann. Nur so erlangen wir im gesamten universellen Kreislauf den Zustand der Acht. Es gäbe viel dazu zu sagen, doch damit gilt es noch etwas zu warten. Sie symbolisiert den ewigen Kreislauf der Energie, ohne Anfang und Ende, im ewigen Sein der Energie. Erst wenn sie in der Mitte getrennt werden darf, hat die menschliche Existenz in dieser Form ein Ende.

Ich war und bin der Herr der Venus. Die Erde versucht seit Zeitaltern, ein Abbild der Venus zu werden. Das war und ist ihre Aufgabe. Wir im Geistigen haben die Aufgabe, der Erde dabei zu helfen. Es ist also eine globale Umwandlung der Erde, die im Kollektiv stattfinden muss. Es bringt keinen großen Erfolg, wenn sich Menschen als Elite betrachten, und andere haben nicht die geringste Chance, ihr Leben in den einfachsten Ebenen angenehm zu gestalten. Krieg, Hunger und Krankheit sind längst Vergangenheit, doch werden sie noch immer als Machtinstrument der Menschheit genutzt. Die alten Denk- und Verhaltensmuster gilt es zu beseitigen. Es mag sein, dass euch all das als primitiv und zu einfach erscheint, um den großen Aufstieg der Erde zu erlangen. Doch seid sicher, in den grundlegenden Dingen liegt die Macht.

Es ist meine Aufgabe, die Menschheit in die Wiedergeburt ins Licht zu begleiten. Doch sagt mir: Wie soll man Licht erzeugen, wenn die Schatten zu mächtig sind? Ihr habt sie zu beseitigen, denn für uns sind sie nicht existent. Eure Illusionen halten euch gefangen. Die Erde ist eine reine Illusion, ein Schauplatz der Emotionen, die Gedanken und Taten erzeugen. Euer freier Wille ist reine Illusion, um euch immer wieder den Prüfungen auszusetzen. Der Transformationsprozess ist schmerzhaft, aber nur so wird es gelingen. Karma ist nicht nur ein persönlicher, sondern auch ein kollektiver Prozess. Reaktiviert dieses Wissen und Bewusstsein endgültig auf allen Ebenen. Dann erst können wir beginnen, die alten Muster und Verkrustungen abzubauen. Es ist nicht möglich, die Existenz von Karma zu leugnen oder als Historie zu betrachten. Deshalb lodern die negativen Aspekte der Gesellschaft immer wieder auf. Fordert meine Hilfe, doch seid euch bewusst, dass es ernst wird.

In großer, unendlicher Liebe
Sanat Kumara, der Alte der Tage

Zum Abschluss

Lichtarbeit

Lass Mut und Kraft deinen Weg begleiten.
Setze Vertrauen in dich und deine Mitmenschen.
Nach deinem Beispiel sollen viele den Weg
beschreiten,
dem Licht im Herzen sollst du immer gedenken.

Lass deine Weisheit deinen Weg beleuchten
wie eine Laterne im Dunkeln der Nacht.
Mögen auch Tränen dein Gesicht befeuchten,
so wisse, dass immer jemand über dich wacht.

Die Liebe soll sich mit deiner Intelligenz vereinen,
damit die Barmherzigkeit deine Zier werde.
Toleranz und Menschlichkeit schwingen nur im
Reinen.
So gehe den Weg des Loslassens der Erde.

Deine Reinheit und Klarheit sollen über das
Ego siegen,
um mit Disziplin ein Beispiel zu geben.
Wie Schönheit und Harmonie in der Hand
Gottes liegen,
stärkt seine Macht der Diplomatie dein Leben.

Übe Konzentration, und folge der Wahrheit,
damit die Heilung und die Liebe ihren Weg
sich bahnen.
Dein Verstand gewähre dir die Sicherheit,
doch lerne die Sprache deines Herzens zu erahnen.

Der Frieden sei dein ständiger Partner,
auf dass dich die Wirren der Zeit nicht begrenzen.
Lege niemals um dein Herz einen Panzer,
aus Angst, deinen eigenen Grenzen zu begegnen.

Verwandle und schaffe, was immer dein Plan
bereithält,
damit der Fluss des Lebens dich trage.
Sobald ein neuer Impuls dein Herz erhellt,
folge ihm, denn gezählt sind deine Tage.

Dein Unterscheidungsvermögen muss wachsen und gedeihen,
um dich zu warnen und zu ermutigen.
Hole dir stets Rat aus unseren Reihen,
damit du gewappnet bist, um dich selbst und andere zu beruhigen.

Bleibe in deiner Mitte, und lass dein Herz im Takte schlagen,
hab keine Angst vor unruhigen Tagen.
Versuch, deine Emotionen mit Gelassenheit zu ertragen,
um dir einst selbst danke für deine Menschlichkeit zu sagen.

Schaff dir die Fülle auf allen Ebenen,
und dann gib denen, die nach dem Minimum streben.
Du hast es verdient, deinen Lohn zu erhalten,
doch es ist das Recht der Jungen und der Alten.

Dein Enthusiasmus soll jeden auf deinem Weg begeistern,

denn du bist ein Spiegel der göttlichen Aufgabe.
So wird ein jeder seinen Auftrag meistern,
sieht er sein Leben und seinen Plan als Gnade.

Deine Wiederkehr zum Ursprung soll dich mit
uns vereinen,
nach all dem Bangen und all den Tagen.
Endlich wird dir das ewige Licht erscheinen,
am Ende des Tunnels, durch den wir dich mit
Leichtigkeit getragen.

Gott zum Gruße - deine Freunde im Licht.

Die grosse Invokation

Mächtige Ich-bin-Gegenwart,
lass aus dem Lichtpunkt im Geist Gottes
Licht in den Geist aller Menschen einströmen.
Lass Licht auf die Erde herabfließen.

Lass aus dem Liebespunkt im Herzen Gottes
Liebe in die Herzen aller Menschen einströmen.
Möge dadurch das Christusbewusstsein bei allen
Menschen täglich mehr und mehr aktiviert werden,
wachsen und in der Tat zutage treten.

Lass aus dem Zentrum, wo der Wille Gottes sitzt,
den Sinn entspringen, der den Menschen leitet,
der Sinn, den die Meister kennen und
dem sie dienen.

Lass aus dem Herzen der Menschheit den Plan
der Liebe und des Lichts entstehen.
Möge er erfolgreich sein und alles Destruktive
transformieren und auflösen!

Lass Licht und Liebe und Kraft den Plan auf
Erden wiederherstellen.

So sei es!

Danksagung

Ich möchte mich an dieser Stelle bei meinem neuen Verlag für die angenehme und respektvolle Zusammenarbeit herzlich bedanken. Es macht mir große Freude, spirituelle Literatur, die den Menschen bei ihrem Fortschritt helfen soll, mit meinen geistigen Freunden zu kreieren. Ohne sie würde es nicht funktionieren. Aber auch in der Materie brauchen wir intelligente Menschen, die uns mit Herz und Verstand dabei helfen, all diese wunderbaren Dinge umzusetzen und den Lesern zur Verfügung zu stellen. Als Autor braucht man hier großes Vertrauen, und das wurde bei Silberschnur nicht enttäuscht. Vielen Dank.

Danken möchte ich aber auch all meinen Klienten und Lesern, die mir seit vielen Jahren zeigen, wie gerne sie mit meinen Büchern arbeiten, sie nicht nur "lesen."

Meine im Smaragd Verlag erschienenen Bücher gibt es in allen Buchhandlungen oder auch in meinem Online-Shop unter www.claireavalon.de.

Bitte besuchen Sie meine Webseite, wenn Sie sich für meine Arbeit, eine Einzelsitzung – das "Life-Schedule-Management" – oder meine Seminare im Institut Morya interessieren. Dort finden Sie auch meine aktuelle Postanschrift.

Namaste
Claire Avalon

Über die Autorin

Claire Avalon arbeitet seit fast 20 Jahren als Medium der Großen Weißen Bruderschaft. Privatpersonen, Unternehmer und auch prominente Persönlichkeiten zählen in ihrem Institut Morya zu ihren Klienten. Nach drei unterschiedlichen Berufsausbildungen und Erfahrungen in vielen Branchen der Wirtschaft, die ihr die auf der Strecke gebliebene Menschlichkeit immer wieder spiegelten, zeigte sich die wahre Lebensaufgabe immer deutlicher. Eine intensive Ausbildung zur psychologischen Beraterin schuf dann zusätzlich den Rahmen für eine tief gehende Arbeit mit Menschen, die sich heute in Einzelberatungen, Coachings, Seminaren und Workshops ausdrückt.

Verschiedene Bücher und CDs zum Thema "Arbeit mit den kosmischen Strahlen und dem uralten atlantischen Wissen" sind in den letzten zwölf

Jahren bereits erschienen. Das Ziel ist das spirituelle Wachstum der Menschen unter Berücksichtigung der karmischen Strukturen und der individuellen geistigen Führung. Die gesamte Arbeit wird von den Aufgestiegenen Meistern getragen, ergänzt durch das Wissen der hohen Priesterschaft aus Atlantis. Die Lehre der kosmischen Strahlen, die auch als esoterische Psychologie bezeichnet wird, bildet das Fundament ihrer gesamten Arbeit.

www.claireavalon.de

Das Motiv »Das Göttliche Selbst«
wurde von der Künstlerin und Visionärin AEONA® gemalt.

Es ist als Kunstdruck erhältlich.

AEONA® - ART
Postfach 170 116
60075 Frankfurt
Tel. 069 - 72 01 70
www.aeona-vision.de

Für den Silberschnur-Verlag hat die Künstlerin das Herzkarten-Set
»Herzensliebe« gestaltet. Lichtvolle Bilder vereint mit liebevollen
Herzens-Botschaften. *(Gemälde und Texte AEONA®)*
ISBN: 978-3-89845-184-0

Ihr Buch »Herzensliebe leben – Bewusstsein der neuen Zeit« ist ein
kraftvoller Wegweiser der spirituellen Lebenskunst.
ISBN: 978-389845-281-6

Elizabeth Clare Prophet
Die Kraft deines höheren Selbst

Die Kraft deines höheren Selbst stellt einfache Techniken vor, die dabei behilflich sind, eine enge, gut funktionierende Beziehung zu seinem Geist zu entwickeln – sowie die Freude, den Frieden und die Stärkung zu erfahren, die das spirituelle Geburtsrecht sind.

144 Seiten, broschiert
ISBN 978-3-89845-263-2
€ [D] 6,95

Wer mit seinem höheren Selbst auf einer Wellenlänge ist, wird liebevoller und sensibler für die eigenen Bedürfnisse und die Bedürfnisse anderer. Man erfüllt sein Lebensziel und bringt seine größtmögliche Kreativität zum Ausdruck. Erfahre die zehn dynamischen Schritte zum spirituellen Erwachen, mit deren Hilfe du dein volles Potenzial verwirklichen kannst.

Elizabeth Clare Prophet
Erzengel Michael

Erzengel Michael gilt seit jeher als der größte und meistverehrte Engel in den jüdischen, christlichen und islamischen Schriften und Traditionen. Er ist der Engel der Natur, der den Menschen Nahrung und Wissen bringt. Er ist der »Engel des Herrn«, der Engel der Gegenwart Gottes.

144 Seiten, broschiert
ISBN 978 3 89845-147-5
€ [D] 6,95

E. C. Prophet schlüsselt – basierend auf Bibeltexten wie auch auf Tatsachenberichten – die Bedeutung des Erzengels auf, die er sowohl für jeden einzelnen hat als auch für die gesamte Menschheit. Er erinnert uns gerade in der heutigen Zeit, in der es recht dunkel ist auf der Erde, daran, die Verbindung zu unseren himmlischen Helfern nicht zu kappen. Denn: »Es gibt eine Welt des Lichts, die die Welt der Dunkelheit überlagert, und alles, was ihr tun müsst, ist, euch nach dem Licht auszustrecken ...«

Johanna Tippkemper
Der Herzstern
Einweihungsweg zur Selbsterkenntnis

Das »magische« Jahr 2012 verweist auf den Beginn des Aufstieges der Menschheit in eine neue Dimension.

Der Architektin für gesundes Bauen und Wohnen, Johanna Tippkemper, ist es gelungen, ein absolut neuartiges Konzept zu entwickeln. Sie werden immer geführt vom »Herzstern«, aus dem das uralte Wissen des Universums in seiner hohen Schwingung strahlt.

208 Seiten, broschiert, durchgehend 4-farbig mit 13 Karten, im Schuber
ISBN 978-3-89845-258-8
€ [D] 24,90

Man erfährt u. a. Neues über die göttlichen Farbstrahlen, deren feinstoffliche Wirkung auf Körper, Geist und Seele oder über Zahlen als Zugang zum persönlichen Lebensweg.

Neben den 13 Resonanzkarten sind im Handbuch zudem zahlreiche Übungen und Praxisbeispiele enthalten.

AEONA®
Herzensliebe leben
Bewusstsein der neuen Zeit

Wer Sehnsucht nach Menschlichkeit, wahrer Liebe, Herzenswärme und Geborgenheit hat, wird sich mit diesem Buch wohl fühlen:

Warum sind wir auf die Erde gekommen, und für was lohnt es sich zu leben? Welche inneren Werte schenken uns in Zeiten von Wirtschaftskrisen und Schicksalsschlägen Hoffnung und Zuversicht? Wie können wir Mitgefühl, Selbstliebe und Nächstenliebe erlernen und dadurch unser Leben bereichern? Was ist der wahre Sinn unseres Lebens?

176 Seiten, broschiert
ISBN 978-3-89845-281-6
€ [D] 6,95

»Herzensliebe leben« führt uns liebevoll zu der höchsten Form der Liebe. Sie ist die stärkste Kraft im Universum und erfüllt unser Herz mit einem Glück, das man im »Außen« vergebens sucht.